成功100，说话90

顾 风/著

北京联合出版公司
Beijing United Publishing Co.,Ltd.

当下世界，成事的关键就一条：协作。

在协作中，沟通就是王道。

我们讲，成功100，说话90，不是说人光靠嘴皮子就可以成事。做事是成事的基本，在此基础上，如何表达自己、如何沟通协作、如何说服各种力量聚集成可以运用的资源，才最重要。更何况，话语里本来就包含一个人的眼光、胸怀、智力、素养。别人要感知你、了解你、信服你，都是从你的话语中获取信息。你要带领一群人，要带他们去哪里？没有说服力，没有人愿意跟随你。

现实社会中，我们身边的成功者很少有不会讲话的，有的甚至可以被称为语言大师。历史上这样的著名人物更多。说话，首先需要胆量，其次还是需要胆量，说话者首先要勇敢面对、敢于表达，才有熟练运用技巧的机会。很多人话说得巧，就是笨多了练就的。

我们今天来讲说话之道，来讲成功100、说话90，是先要你改变观念，知道在这个时代说话的重要性，然后再去尝试和学习。正如但丁所说："语言作为工具，对于我们之重要，就像骏马对于骑士之重要，最好的骏马适合于最好的骑士，最好的语言适合于最好的思想。"

作家海涅则说得更加有力："言语之力，大到可以从坟墓唤醒死人，可以把生者活埋，把侏儒变成巨无霸，把巨无霸彻底打垮。"言语具有十分强大的力量，表达能力的高低，往往决定了一个人在人际关系中所处的地位，也决定了他的人脉，有时候甚至会对他个人的发展产生重要的影响。

事实上，随着社会关系更加宽广与复杂，对说话技巧的要求也更加严格。现在，在很多大学中，口语表达已成为一门专业课程，许多培训机构也将说话技巧当作重点培训的项目，学员必须尽可能地掌握多种多样的话语技巧，才能够更好地应对复杂的社会环境。

无论是在哪个行业、哪个部门、哪个圈子，还是面对亲人、朋友、领导、同事，会说话可以为我们的交际和事业发展带来重大帮助，毕竟出色的语言表达能力本身就是一种竞争力。会说话的人往往更容易掌控自己的社交关系网络，也更容易在直接的交流中吸引别人的关注和信任。

会说话，可以让尴尬的事情变得令人舒服，让复杂的事情变得简单，让枯燥的事情变得生动；会说话，能够增进人际关系，创造更多的发展机会，缓解生活与工作的压力。

当然，如何把话说好是一门技术活儿。说话的技巧多种多样，为了吸引别人的兴趣，可以选择更加幽默的方式进行交谈；为了赢得对方的信任与好感，可以适当地运用赞美的技巧；为了凸显自己对对方的尊重，可以在谈话时保持认真倾听的姿态；为了避免不必要的摩擦，可以把话说得圆滑；为了防止自己在某些不擅长的领域犯错，可以适时地保持沉默……

本质上，所有的说话技巧都是为了增强话语的说服力，发挥或者创造自己的优势，保证交流的顺畅。说话者应该根据特定的环境和具体的场合熟练运用这些技巧。正如我国台湾著名的主持人蔡康永所说："在很多时候，'怎么说'比'说些什么'更加重要，一个出色的演说家，往往更加侧重演说的技巧，而不是内容。"

说话的重要性无须再多赘述，本书重点探讨说话的技术和艺术。通过阅读本书，希望你可以了解现代社会一些必要的"人情世故"（情商），掌握与人沟通的基本方法（技巧），体味话语中掌控一切的力量（艺术），进而提升自己说话的能力和话语的影响力。

顾 风

2017.3

第一章

在高度协作的世界，沟通为王

第二章

技巧 90：一开口就赢

第三章

谁掌控了情绪，谁就拥有了话语权

少说的艺术和不说的秘密

第四章

外圆内方：你所不了解的那些生活潜规则

第五章

第六章

你是什么样的人，取决于你说了什么样的话

第七章

慧心妙语：说话是一种人生境界

第一章

在高度协作的世界，沟通为王

1

说话之前，先在大脑里过一遍

苏格拉底曾给学生制定过一个规则，那就是在说话之前必须经过三个筛子的筛选：

第一个筛子是真实，即说话前要弄清楚这件事是否真的存在；

第二个筛子是善意，即便一件事不是真的，也必须带着善意，如果说出来会产生不良后果，那么不如不说；

第三个筛子是重要性，如果一件事不那么重要，那么就没有非说不可的必要了。

在日常生活中，多数人不会用三个筛子去筛选自己的语言，他们总是想说就说，丝毫不掩饰自己的喜好与厌恶，也丝毫不掩饰自己当时的想法和情绪波动。但是，自发的、随性的表达往往会因为缺乏足够的思考而显得漏洞百出，也正因为如此，他们常常会因说出某一番话而后悔不已。

2016年8月9日，美国总统候选人特朗普在北卡罗来纳州威尔明顿发表演讲。当时，他就控枪问题抨击希拉里。他认为，一旦希拉里当选，她将有权任命自由派最高法院大法官，她就会毫不犹豫地剥夺美国人持有枪支的宪法权利。

"诸位，如果她要挑选她看中的法官，你们就什么也做不了。不过，那些拥护第二修正案（该法案规定美国公民有持枪权）的人或许可以（做点什么）。"

这样的言论几乎是在赤裸裸地教唆他人枪击希拉里。很难想象，一个总统候选人会发表这样一番不负责任的言论。尽管特朗普事后紧急灭火，出面道歉，但这已经不是他第一次做出显得无脑的举动了。特朗普过往的言行可以说是劣迹斑斑，拉美国家移民、黑人、同性恋、双性恋、变性人、女性、亚洲人、难民、残疾人、工薪阶层和战俘都被他的大嘴伤害过。

尽管特朗普财力雄厚，而且在大选中嚎头十足，但是不经脑子的话语屡次让他陷入舆论的口诛笔伐。显然，他的支持率也受到了影响，从一开始的领先位置变得落后。

通常情况下，我们都会将话语权当成自由表达个人看法的一种权利，喜欢那种无拘无束的表达方式。但是，社会并不是个人的舞台剧表演，我们也不是对着镜子自说自话，在一段话说出口的时候，我们必须预想评估出它可能对整个谈话以及对其他人造成的不良影响。每一次的交谈都应该是双向的，它具有双向的作用力，因此，对他人负责，对自己负责，是每一个说话者应该具备的修养。

事实上，不受大脑约束的言语通常会导致不良后果，我们必须提高警惕。哪怕我们想要表达的只是一个不起眼的话题，但个人的话语权一旦被一时冲动所支配，就可能会带来伤害。就像我们偶尔一时气愤在办公室里评价老板的工作一样，"我觉得老板就是一个十足的蠢货"，如果有人对你不满，这番话很有可能成为他向上级告状的证据。为了避免出现类似的危机，最好的办法就是谨慎试探一番："你觉得老板的想法怎么样？"

谨慎的思考永远都是有必要的。说话前先认真想一想，这是每个人都必须养成的习惯。无论面对什么人、准备说什么样的话题，无论是在什么场合，我们都必须做好充分的准备，必须在大脑中梳理一遍，打好一个草稿。

在谈话之前，先想想自己的话是否有逻辑，是否具备了足够的说服力；是否可以更加简短一些；是否会引起他人的反感和不适；是否有什么太大的漏洞；是否层次分明，而自己想要表达的重点是什么；有什么价值，是否有说的必要。

⟨ 四项要点 ⟩

我们应该主动去思考，这意味着一种约束，意味着一种规则，更意味着一种习惯。多数人都需要培养这种意识，这不是"我要说些什么"，而是"我应该说些什么"以及"我应该怎么去说"。此外，我们需要为这种思考创造更好的条件。

（1）不要抢着说话

很多时候，我们都希望能够抢在他人之前说出想要说的话，但盲目地表达自己并非明智的举动。仓促之间，我们很可能说错话。事实上，没有人会因为你是第一个说出好事的人而心存感激，但如果你不幸地成为第一个抖出坏事的人，必定会引来他人的反感。

（2）要善于察言观色，了解他人的禁忌

例如，通常来说，工资都是个人隐私，如果冒昧地问别人"你这个月的工资是多少"，显然非常不礼貌；如果对方忌讳听到"猪肉"之类的字眼，而你却不识趣地大谈猪肉的各种烹饪方式，自然会冒犯对方；如果有人情绪不好，而你还拿他开玩笑，则很容易引火烧身，自讨没趣。因此，聪明的人善于了解他人的喜好，尽量避免说出一些刺激他人的话。

（3）在重要场合，保持谨慎

通常情况下，在和朋友交谈时，自然可以随意发挥，想到什么说什么，而不必太过拘束。但如果在会场中，就一定要认真思考和过滤。当你的演讲中出现"啊哈""逗逼""去你的""俺们""咋地啦"等一些不礼貌、不严谨、不正式的措辞时，则很可能会贻笑大方。无论如何，在一些正式的、重要的场合，我们所要说的每句话都必须先在大脑中进行精心设计和提炼一番。

（4）尊重每一次的话语权

说话的随意性和自由性，通常缘于我们将其仅仅当成一种表达的手段，而不是一种沟通方式。这导致我们经常习惯性地在谈话中犯一些低级错误，发表一些让人感到尴尬和愤怒的言论。如果我们能够尊重每一次谈话，尊重每一次沟通的机会，就不会草率地说出一些不经大脑的"傻"话了。

② 有价值的话，才值得倾听

埃隆·马斯克是一个冒险家，也是一个天才，他总有很多不同凡响的创意，包括特斯拉电动车、超级高铁以及移民火星的计划。他知道，想要将这些创意和想法变成现实，就需要更多的资金支持。

有一次，马斯克给一位富豪发了一封邮件，希望对方能够支持自己打造超级高铁的计划。在邮件中，他用大段的文字讲述了两个人的老交情，并希望获得资金上的帮助，但他得到的回复是："让我思考一下。"马斯克意识到，对方是一个商人，而商人的本质就是为了获利，如果不能让对方了解潜在的利益，那么就无法说服对方投资。

几天之后，在这位富豪举办的一个私人晚会

上，马斯克找到机会，拿着话筒站到大厅的正中间，讲述了超级高铁的意义以及利润。"如果纽约到北京或者纽约到欧洲某地的时间由过去的十几个小时变成几个小时，节省的时间将会带来巨大的经济收益，我想各国政府都会为这项技术而疯狂。"之后，他详细讲述了更多有关社会价值和经济效益的内容，超级高铁计划很快引起了参加晚会的富豪的关注。他们纷纷慷慨解囊，在2016年5月11日，马斯克的超级高铁实验在美国内华达州沙漠中首次试验成功。

正如演说家博恩·崔西所说："**如果你的话没有任何价值，那么就不要说出来。**"

试想，如果马斯克在晚会上还是继续像第一次的邮件中那样，说一些于富豪而言毫无价值的话，一定无法获得最终的成功。

我们总是在有目的性、有倾向性地过滤自己耳朵接收到的信息，而过滤的一个基本原则就是价值。对方能否说出一些有价值、有意义的话，直接关系到我们的兴趣。然而，很多时候，多数人并没有意识到自己的话应该具有某种价值。千篇一律的演讲稿和工作汇报、抄袭成风的各种论文答辩，往往让人头昏脑涨。这样的话语不仅不能吸引人，反而会让人产生反感。

对于倾听者来说，沟通是为了传播或者分享信息，如果讲述者没有说出什么太有价值的话，那么他们绝对不愿意浪费时间去聆听。要知道，在欧洲的一些顶级公司里，总裁通常只愿意花费5~10分钟听取下属的建议。如果下属不能在短时间内提供有价值的内容，这次谈话的机会将被彻底浪费，同时，下一次想要让总裁听到自己的想法，可能会变得更加困难。

今天，我们仍旧兴致勃勃地谈论马云如何在6分钟的时间里打动了孙正义并赢得了对方2000万美元的投资。这并非只是凭运气，正是因为马云重点谈到了阿里巴巴所能创造的商机，才成功吸引了这笔融资。换句话说，当初和马云一起去拜访孙正义的其他创业者就没有那么幸运，在6分钟甚至更长的时间里，他们说出的话没有什么价值，最终让孙正义失去了兴趣。

无意义的谈话会对沟通造成极大的伤害，且这种伤害很可能是持续性的。当我们第一次开口谈话时，可能就已经被挑剔的听众进行了归类：你是一个健谈的人；你是一个缺乏逻辑思维能力的人；你是一个没有内涵的人；等等。我们必须把握住每一次说话的机会，尽可能地说一些让对方感兴趣的话题，只有话题更加饱满、更有价值，谈话的吸引力才会增强，别人才会愿意聆听。

❮ 三项要点 ❯

（1）说话前进行提炼

有时候，我们的话语无法引起他人的兴趣，是因为语句散乱、繁杂，不能让倾听者及时捕捉有用的信息。如果说话者能够在说话之前提炼出自己的核心思想，对所有的对话进行精简处理，就可以更好地突出自己的核心内容，保证对方接收到有用的信息，让沟通变得更加顺畅愉悦。

（2）无话可说的时候，尽量少说

很多人喜欢占据发言权，喜欢抢在别人面前说话。不过，如果没有足够有意义的内容，不如主动将机会让给别人。否则，勉强说一些毫无意义的话，或者谈论一些缺乏新意的观点，不仅不会引起别人的关注，反倒会引起别人的反感。

（3）加入一些新颖的、有意义的观点

在一些内部会议上，多数人的想法是"别人说什么，我也说什么"，这种从众心态很容易抑制个人的创造性，使我们

的谈话陷入某种相似程度极高的"统一模式"。为了避免被人认为是重复他人的讲话，我们需要在谈话中加入一些新颖的、有价值的观点，凸显出与其他人的不同。

有人愿意花费几百万元和股神巴菲特共进午餐（2016年，这顿饭已经涨到了2270万元），这听起来有点疯狂，但总是有人愿意抢着花这笔钱和老爷子坐在一起享受午餐。他们当然不只是为了买一顿饭，主要是希望借助这个机会希望向巴菲特请教，获得对方的一些经验之谈。巴菲特的话具有不凡的内涵和价值，这才是富豪愿意一掷千金坐在他身旁倾听的原因。

❸ 对有争议的话题，请绕道而行

　　很多富有经验的演说家常常会给出一些经验，让说话者尽量避免误入说话的陷阱，其中一种就是"尽量少谈论那些富有争议的话题"。在他们看来，争议性的话题并没有一个准确的定论，说话者所说的话不可能具有太大的说服力。正如我的大学导师刘敏慧教授所说：

　　"我们并没有这样的能力——去提出一些足以说服别人的观点，因此我们的谈话通常显得毫无必要。"

　　除此之外，争议性也意味着说话者可能会陷入争议之中，容易引起他人的误解和不满，甚至可能引发反对者的攻击。

2011 年叙利亚内战爆发之后，很多中东难民拥入欧洲，引发了有关社会安全问题与人道主义救助的激烈讨论。关于是否要接收难民，欧洲各国并没有形成统一的意见。

作为难民比较向往的欧洲国家之一，奥地利感受到了巨大的压力。当时，奥地利国内并没有达成统一的意见，国家领导人也没有站出来说明是否要接收难民。因此，保持沉默是当时最好的策略，至少可以在确保国内安全的同时尽可能降低国际舆论的压力。

然而，当难民纷纷向欧洲边界靠拢，且发生沉船等灾难性事故的时候，奥地利的一位官员突然站出来说"奥地利应当准备好救助并接收这些难民"。这番话出自一个内阁成员之口，引发了国内激烈的讨论。民众对政府的举动表达了担忧，他们担心中东的恐怖分子会混入难民而进入奥地利，而政府同样对这位内阁成员自作主张的行为感到不满，最终将这个官员从内阁中开除。自此之后，奥地利始终紧闭大门，并没有让难民进入国境。

在争议性的话题面前，任何一方的观点都可能会引发激烈的讨论，导致双方无休止地缠斗，因此，最好的做法就是保持沉默或者置身事外，千万不要妄加评论，不要想当然地提出自己的看法和观点。

大儒学家孔子认为，人们在面对争议性事件的时候，一定要做到："*毋意，毋必，毋固，毋我*"。

"*毋意*"指的是不要进行主观臆测，不要在未进行充分考证的前提下说"我觉得""我认为""在我看来"之类的话。如果对于事情缺乏把握，那么干脆就不要开口。

在秦始皇陵被人发现之后，对它的相关研究就从未停止过，人们的好奇心也越来越重。有一次，有人问考古学家林言芝先生："您觉得秦始皇陵内真的存在大量水银吗？"面对这一富有争议性的问题，林言芝先生摇摇头，回答说："在墓地还没打开之前，我不会妄加猜测。"林先生的专业和谨慎很好地体现出了一个成熟的历史学者的风范。

"*毋必*"指的是不要对那些富有争议的话题给出一个绝对的肯定性回答。既然事情存在争议，那么最好保持原来的状态，不妄下结论，不轻易表明自己的立场。最近几年，有关转基因食品是否可以食用的话题愈演愈烈。有人就转基因食品问题询问斯坦福大学的基因学教授史蒂文先生，作为基因学的泰山北斗，史蒂文却非常谨慎地做了简单的回应，他说："转基因食品的安全问题不是三言两语可以说清楚的，也不是短期内可以得出结论的，我们还需要更多的验证。"正因为如此，他没有被卷入争议之中。

　　"毋固"是说人们在讨论类似的话题时必须突破自己的思维和观点，不要拘泥于自己的经验或者思维模式。心理学家认为，人们在描述某个观点的时候，都是按照自己的经验和常规认知去做判断的，但是在那些有争议的话题面前，这些经验和常规认知通常都站不住脚，更不会产生真正的说服力。所以如果没有办法突破常规的经验和思维，那么还不如不说。

　　"毋我"是说要包容不同的看法，而不要将自己的主观想法当成理所当然。这种包容性要求我们尽量少去表达自己的观点，以免引发更大的分歧。有位作家说过："每个人都要忠于自己的看法，但这并不意味着否定别人的成就和观点。当别人提出自己的看法时，你要做的不是去反驳，而是去倾听。"

　　从本质上来说，孔子的八字箴言还是要求说话者适时地保持沉默。因此，在面对那些尚不确定的东西时，请不要轻易发表任何言论；在面对那些富有争议性的话题时，也不要急着提出自己的看法：只有这样才能避免自己陷入尴尬或者是非之中。

④

抢话的人堵死的是自己的路

一个有趣的事实是，那些被称为天才演说家的人从来都不希望自己的谈话被人打断，显然，他们也不会去出席别人的演讲，听别人在台上说上一个小时或者90分钟。对于美国前第一夫人希拉里·克林顿这样的女强人来说，你不该指望她会认认真真地听取那些无聊的报告。据说她在为丈夫出谋划策的时候，身为总统大人的克林顿只能老老实实地待在一旁，一点也插不上嘴。

在2016年的总统大选中，希拉里风头很盛。尽管她一再表示将会听取民意，但从她这么多年的表现来看，她很难做到这一点。几乎40%的人认为她不值得信任，因为她根本不理会别人的想法和观点，总是会不失时机地跳出来抢走别人的发言权。

作为一个有主见且拥有不错想法的人，她的做法是可以预见的。个人的语言天赋和欲望可能会淹没其他人的声音，或者说会让自己习惯性地忽视其他人的声音，这样会造成一系列人际关系危机。事实上，与很多中国人、伊朗人、伊拉克人以及其他地方的民众一样，许多美国人也不喜欢这个险些成为"美国第一位女性总统"的人。

从习惯层面来说，想要做到倾听往往并不容易，因为我们当中的多数人都相信自己的想法、自己的声音可以改变一切，或者说至少是改变自己生活的一种依托。从很小的时候开始，我们就被教育着要勇敢说出自己的想法，这种教育模式很可能会导致另外一种极端：每个人都在主动表达自己，而漠视了其他人的声音。

在今天的各种真人秀节目中，表达自我都在向"仅仅习惯于自我表达"的方式转变——谁比谁更能说，谁比谁说得更多，谁就有可能脱颖而出。换句话说，我们已经陷入了话语权争夺的恐慌中，倾听的作用渐渐被人遗忘。

由于太想表达，太想证明自己，以至于我们忽略了一点：

别人同样需要表达。

我们经常看到，一个人在台上做报告或者演讲，台下的人经常会打断这个人的话。多数人还不习惯分享话语权，他们更希望站到讲台上的那个人就是自己，更愿意让别人听自己发言。不过，在自己发言之前，我们更应该听一听别人说了些什么。这是一种态度，意味着最起码的尊敬，更意味着一种规则。每个人都有权表达自我，但不要忽视了别人的声音，不要让所谓的交流和谈话变成一个人的表演。

我的朋友曾和一个英国客户谈论合作，等到双方约定见面的那一天，他才发现对方同时邀请了另外七家供应商洽谈业务。那天大家租了一艘游艇出海，风景很美，供应商们都无心玩乐，只是一个劲地向客户推销自己的产品："罗伯特先生，这是我们的计划书……""罗伯特先生，这是我们未来三年主打的产品……"

但这位罗伯特似乎不太感兴趣，一直都在唠唠叨叨地聊着家常。这让供应商们很着急，只好想办法一次次地提到自己的公司怎样怎样。那天游玩之后，罗伯特将这份合同交给了我的朋友，按照罗伯特的说法，我的朋友是唯一一个听他说完一整天废话而没有抢着说话的人，所以他最终做成了这笔生意。

　　这种成功的机会绝不是偶然的，它更多地源于对交流的精准认知。可以说，倾听是打开人生的钥匙，是让个人的语言表达变得更容易被他人接受的重要因素，因此，我们需要变得更加谦卑，更具有耐性，才有利于去把握他人的想法。

⑤

只有不敢发声的人才会成为出气筒

在职场生活中，总会遇到一些人，我们可以称之为倒霉的约翰或者杰克，他可能高大威武，也可能瘦弱不堪，他常常习惯性地低着头，举止谦恭，不怎么喜欢说话。同事总是想方设法取笑他。平心而论，约翰或者杰克在工作上兢兢业业，但是由于不善交流，不能勇于表达自我，说出来的话总是缺乏力度，因此受到欺负。

这无关权力和地位，只和性格有关。那些沉默寡言、不善言辞的人确实更容易受到指责和批评，在面对他们时，人们往往会变得更加挑剔。无论是在职场上还是日常生活中，都有很多类似约翰或者杰克的人，他们总会遇到一些不公正的对待。小时候，学校里的那些"小霸王"总乐于挑那些"软柿子"来"捏"，因为这些人通常不会反抗，更像"沉默的羔羊"。在我们所熟知的家庭暴力和社会暴力事件中，也必定存在一个杰克。

杰克们的问题在于他们忽略了语言的威慑力。这种威慑力并不一定是暴力的恐吓，还包含一种自主权和立场。从心理学上来说，一旦我们拥有自己的立场，展示出足够的话语权，想办法进行抗争，就会表现出一种基本的自我保护能力和威慑力。一个男孩开始敢于对父亲说"不"，并且愿意说出自己的想法时，父亲就会意识到自己再也没有办法强制要求孩子遵循自己的意愿行事了，他会适当做出妥协，并给予孩子足够的尊重。同理，我们在交际中如果保持沉默，领导和对手可能会更加肆无忌惮地忽视我们的存在，很多时候，沉默意味着默许，不敢出声反抗就意味着继续逆来顺受。

在大学期间，我曾在某社团担任主席的助手。社团的主席是一个自负的人，总是喜欢自作主张，经常没来由地指责他人。为了能够留在社团里，我一直兢兢业业，默默忍受他的坏脾气。有一次，我负责给大家布置任务，他却一直在旁边打断我的话，指责我这里说得不好、那里说得不到位。

起初我一直忍耐，直到他第五、第六次打断我的讲话，我终于冲他吼道："你到底要说什么，能不能一次性说完？如果你不满意，就自己来讲，不要在一边指手画脚。"在场的所有人都惊呆了，他也有些不知所措。最终，我受到了一次警告处分，但是我依然留在了社团里，并且在那之后，他的态度明显有了改善。

一个敢于表达立场、敢于对一些不合理的要求说"不"的人，往往能够赢得更多的尊重，这就是交际场合的一个内在规则。敢于自我表达的人，敢于坚持立场的人，通常具备一定的反弹力。一旦有人试图将某种思想强加给他，或者用言语攻击他，就可能会受到反弹力的作用，为了处理好双方的关系，对方的措辞一定会变得更加谨慎、合理和文明。

◀ 三项要点 ▶

当然，主动发声并不意味着可以肆无忌惮地发表言论，使用语言暴力，也并不意味着针锋相对。

（1）说出自己的立场

在生活和工作中，我们的确需要想办法去迎合他人的想法，应该尽可能地站在他人的角度想问题、做事情，但这并不代表我们就可以完全抛弃自己的立场。很多时候，勇敢地表达自己的立场，也是丰富交流内容的一种有效方式。

在交际场合中，一些立场不坚定或者缺乏立场的人，往往会被认为没有主见、喜欢溜须拍马，这样反而影响了其自身的名誉和形象。换言之，如果我们拥有坚定的立场，明确告诉对方"我就是这么想的"或者"这就是我的方法"，那么无论对错，对方都会给予我们基本的尊重。

（2）不要放弃争辩的机会

很多人害怕与人争论，认为这容易得罪人，容易遭到对方的报复，但事实上，适当地进行争论，是对话语权的一种把握，也是对自身权利的维护。当一个人觉得自己无话可说或者害怕去说些什么的时候，对方会显得更加咄咄逼人。但是如果及时地站起来告诉对方"我的观点和你有所不同""我并不赞成你的做法"，或者，明确提醒对方"不要进行人身攻击"，这些都会让对方有所收敛，至少他会觉得你不再是一个可以随意欺负的对象。

（3）适当说几句强硬的话

在谈话中，保持温和的态度往往很有必要，但是温和并不意味着处处示弱。当对方使用一些富有攻击性、侮辱性或者偏于恐吓与暴力的语言时，适当做出强硬的回击是很有必要的。

在一场谈判中，客户可能会提出一些苛刻的条件，并且声明"如果你们不答应这些条件，恐怕会对将来的合作造成影响"。面对这种赤裸裸的恐吓与敲诈性言论，如果一味妥协，对方一定会得寸进尺。此时，有必要展示出自己强硬的态度，不妨告诉对方，"这些条件不符合我们的利益，如果贵方觉得这会成为将来合作的障碍，那么我们只能表示遗憾"，或者"如果贵方能够承受这些影响，那么我们也能承受"。回击的语气可以委婉一些，但是态度必须强硬，从而有效回击对方。

社会学家认为，言语是最直接也是最常用的武器。在多数时候，人与人之间的竞争都是通过言语上的缠斗表现出来的。恰如其分的言语表达，能为我们争取到更多的生存优势，让我们更加从容地应对各种困难。如果一个人什么也不敢说，只会唯唯诺诺地说"是的""好的"，其他人会给予他更大的尊重吗？显然不会。这个社会的法则就是"尊重强者"，因此，当我们遭遇不公正的待遇时，不妨适当地大声说出自己的真实想法，这才是我们征服别人的一个良好开端。

⑥ 站在对方的立场，离成功更近

著名企业家唐骏当年在微软公司上班的时候，深受上级领导的信任和喜爱。尽管在学历、能力、背景上，比唐骏更有优势的人很多，但是微软公司的高管们都表示唐骏才是那个更好的执行者，才是那个最值得信赖的人，所以一直都在提携他。

多年以后，唐骏离开微软，他在自传中提到赢得信任的方法，那就是尽量站在领导的立场上来讲话和做事。比如，在工作中，上级领导经常要求职员制订一份详细的工作计划，很多人会在第二天交上这份计划，而唐骏不仅会呈交一份计划书，还会提出各种反对意见和可行性方案。他知道领导一定会从这些方面来考量这些计划书，所以他干脆自己制作了这些可行性方案，巧妙地迎合了领导的想法。

在平时的谈话中，唐骏几乎很少胡乱发言，他总是会事先试探领导的想法和意见，想办法去进行设想：**"如果是领导，他们会怎么去想，会怎样去解决这些问题。"**

正因为他总是站在领导的立场上说话，所以他的发言才能够赢得领导的赞赏。

多年以来，很多人都抨击微软公司内部沟通存在很大问题，管理缺乏人性，管理者有些独裁，根本听不进别人的意见。这些问题在唐骏身上并没有出现过，很显然这是一个沟通方式的问题。

"如何更好地说服别人"，几乎成了我们每天都要面对的问题。我们想办法让朋友理解自己，想办法让老板接受我们的建议，想办法让客户相信我们的能力和诚意，这是一个烦琐但是充满挑战性的工作。在沟通过程中，多数人最直接的做法就是竭力展示出能够支撑自身理论的各种依据，其潜台词就是："你必须尊重我的想法"或者"我的想法才是最正确的"。

但实际上，说服别人并不仅仅在于强化自己的观点，对他人造成压迫的声势。妄图用自己掌握的那一套"真理"去压制别人的"真理"，往往不那么现实。尤其是当双方都认为自己才是正确的那一方时，这种毫无意义的争论将会一直持续下去。

有时候，换一个角度，选择站在对方的角度和立场想问题，看看对方的观点和想法是什么，了解对方的动机和理由，并适当顺应对方的想法去做事，反而更容易减少双方的分歧和冲突。无论如何，站在他人的角度来思考，都会让我们处于一个相对安全的位置，通过某种迎合性的行为，赢得对方的尊重和信任。

例如，成功学导师卡耐基由于工作繁忙，准备招聘一个秘书。他在报纸上刊登了招聘信息，短短几天之内，各种求职信像雪花一样飞过来。

在阅读信件的时候，卡耐基发现了一个现象，几乎所有的信件都在讲同一件事："我很出色，我拥有丰富的工作经验，我能够处理各种各样的问题。"这些内容让他感到厌烦，他只能不断地加快阅读的速度，直到有一封信引起了他的兴趣。信中的内容是这样的：

"尊敬的卡耐基先生，我知道您现在一定很忙，非常需要一个助手来帮您整理信件。我有过几年助理的工作经验，因

此非常乐意为您效劳。"

卡耐基当即决定，聘用写下这封信的那个女人。

为什么在成千上万个应聘者中，这个女人会脱颖而出，赢得卡耐基的信任呢？原因就在于她没有从自己的角度来看待这件事，并没有从自身的能力来谈论工作是否适合自己。其他人渴望获得这份工作的理由是"我有这样的需求和能力"，而这个女人的理由却是"老板有这样的需求，而我有能力满足这种需求"，这才是她成功突围的关键。

在很多时候，我们应该勇于表达自己的想法和观点，但这并不意味我们总是需要利用自己的观点来说服别人。一旦双方存在分歧或者冲突，我们必须做出调整，必须尝试站在对方的立场上想一想，不妨听听对方说了些什么，然后表态："我觉得你的想法很有趣。"即便我们对对方的说辞感到为难，也不要急着去辩驳。"虽然我不大明白，但我会试着从你的角度去想一想的。"这话就说得非常得体。

总而言之，每一个表达者都应该向对方表示这样一种态度：我理解并尊重任何人的想法。在很多时候，设身处地地为他人着想，这是消除隔阂、拉近彼此关系，并且赢得最终认可的一个前提。

7

请注意，调动别人的情绪

　　世界级演说大师阿尔·里斯说过："演说并没有特定的内容与格式，也不会对自己的听众有太多的要求，一个演说者最基本的工具就是听众的情绪，好的演说家只是更加熟练运用这个工具罢了。"

　　在他看来，演说者需要做的就是激发和引导听众的情绪，只要控制住了这种情绪，那么演说者所说的任何一句话都会产生很大的影响力。英国社会学家凯文博士曾经对全世界 100 多位演说达人进行调查，发现他们的演说形式虽然各不相同，但他们拥有一个共同的特点，那就是善于调动听众的情绪。

　　无论是出色的政治家、企业家还是演说达

人，他们通常都会注意观察别人的需求，都懂得将别人的需求转化成一种情绪，并加以引导和利用。这是人际交往以及说话的一种高超技巧，也是增强个人存在感和话语权的重要方法。一个好的谈话者应该是情绪方面的掌控专家，他们不仅善于控制和引导自己的情绪，还善于引导和调动别人的情绪。

特朗普一直都以口无遮拦的大嘴而闻名，但他在总统大选中击败了一直被看好的希拉里。事实上，美国的精英以及主流媒体大都在支持希拉里，但特朗普更看重基层民众，更懂得如何把握基层民众的情绪。

比如，民众最关心的是就业问题，特朗普死死抓住这一点，高呼要重塑美国制造业的辉煌。他在多个场合都表态说："在过去十几年中，我想多数美国人都在担心自己有一天会失业，而事实上这一切又实实在在地发生了。每一天都有很多的母亲担心自己会失去工作，担心无法供养孩子上学，我觉得这是国家政策的悲哀。现在我和你们一样都受够了高失业率的影响，所以我要将美国打造成制造业最发达的国家，这个国家将会赋予你们更多更好的就业机会。"

这些话完全迎合了大众的想法，并成功地将大众的不满情绪引向了希拉里。他们开始像特朗普一样抨击希拉里的经济政策，并对这位女强人表达了不满。正因为如此，希拉里渐渐失去基层民众的支持，她的选票也一直都在下降，并在最后时刻被特朗普反超。

美国权威杂志《时代周刊》的评论员认为，特朗普是一个非常善于鼓动他人情绪的人，他那不可理解的话语方式往往富含强烈的感情色彩。他非常善于直击民众情感的痛处和爆发点，并成功地将这些情绪纳入自己的政治规则体系，所以他慢慢在基层民众中确立起了自己的个人形象。

在日常的交际中，我们也可以以此作为突破口，来提升自己的说服力和影响力。不过在调动和引导他人情绪方面，需要很多技巧。

≪ 两项要点 ≫

（1）迎合别人的需求

会说话的人懂得直接将他人的需求转化成情绪或者某种诉求。比如，企业家通常会在誓师大会上将企业发展目标与个人薪酬联系在一起，这时候，谈话内容更容易引起员工的兴趣，员工也更容易在情感上与公司的目标相呼应，并不断暗示自己"我要努力工作"。这与特朗普许诺让更多的美国人拥有工作一样，本质上都是利用他人的物质需求来刺激他们的情绪。

而企业家如果重点提到员工的个人荣耀、价值和梦想，那就是一种精神上的鼓舞，对于员工而言，他们往往会对未来充满憧憬，并渴望实现自我价值。这就是一种精神需求的刺激，它同样会对受众的精神状态和情感产生很强的引导作用。

（2）适当地释放一些个人情感

由于情绪具有传染的功效，因此在谈话的时候，可以适当加入一些情感元素，比如，使用一些富有情感的词汇，或者在语气语调中加入感情色彩，确保整个谈话富有感情，能够带动听众的情绪。

德国演说大师德克就是一个善于利用感情来造势的人，他在每一次演讲中都会将自己的情绪完美地融入自己的演说内容，他的话时而欢欣，时而忧伤，时而高亢，时而低沉，就像在讲述一个个情节曲折的故事一样，而观众往往会被他的情感变化带动起来，并且沉浸其中。

除了以上这两种技巧之外，想要成功调动和引导他人情

绪，还必须掌握一些具有煽动性的表达技巧，比如，适当地
对所描述的东西进行夸张处理，或者加上丰富的肢体语言，
这些都可以让话语变得更具张力。

8 「哗众」必定「失宠」

　　我的一个朋友在公司里似乎非常受欢迎。每次他讲话，周围总是围着一群人，他常常在我面前炫耀："我说，我真应该去举办一个脱口秀节目。"不可否认，他在语言上的确有一些天赋，在他看来，这种天赋正在使他成为公司里最受欢迎的那一位。

　　但事实上并非如此，在内部的干部选拔中，他和另外两位候选人直接竞争，却只拿到所有80张选票中的3张。这并不是好人缘的表现，尤其是考虑到他的工作业绩并不算差。问题就出在他最自信的那张嘴上。尽管大家都喜欢听他讲话，但是并不意味着都会接受他，换言之，很多时候他看上去更像一个笑话。

在办公室里，在我们的朋友圈中，并不缺乏这样的人，他们可能是团队里的话痨，时刻承担着"传声筒"的重任，他们可能拥有一定的语言天赋，很容易运用自己的感染力来调动他人的情绪，但他们同样也有一个致命的缺点——言语浮夸，哗众取宠。

他们总会以一种略显神秘且高于事实的口吻说话：

"你知道吗？老板和某某某怎么样了……"

"看着吧，我会做出一些你们想象不到的事情。"

"你觉得这件事就只有这么简单吗？背后的一些事情，你绝对想都不敢想！"

这些话通常会是很不错的噱头，但也多半都不符合事实。此外，这些话第一次或许能够吸引人，但是等到接二连三地说出来之后，大家就会出现审美疲劳，产生厌恶和反感的情绪。也许多数人都乐于借助那些话来消遣，打发一整天无聊的上班时间，或者当成纯粹的八卦来听，但他们绝对不会因此对谈话者产生哪怕一丝的好感。

仔细观察周边的生活，就会发现那些哗众取宠的人往往不会受到太多人的欢迎。他们在生活上更容易被朋友们排斥，在工作中更容易受到上司的指责和同事的孤立。尽管他们可能自我感觉良好，但在私底下，他是失宠的那一位。

显然，多数人都想通过自己的言行举止来吸引更多人的关注，想方设法让自己变得与众不同，但沟通并不意味着一定要说一些莫明其妙的话，或者一定要哗众取宠。对于谈话技巧的过分发挥和扭曲，可能会导致截然相反的结果。

在日常生活中，我们常常会遇到那些所谓的经济学家、哲学家、佛学大师、股市专家，他们总是会提出一些让人感到"耳目一新"的观点，想办法用一些非常规的言论来博取大众的关注，"股市将会逆行而上""房地产将会越来越好""某位作家私底下的爱恨情仇"，等等。这些言论能够在第一时间抓住大众的眼球，但却并不能真正让人信服。

这些哗众取宠的言论流行一段时间之后，往往会被贴上"愚蠢"的标签，大家都开始对其产生反感。哗众取宠的人自以为掌握了更多的话语权，掌握了更多的社交渠道，但实际上那些浮夸的话可能正一步步将他们推向困境。

＜ 三项要点 ＞

真正的问题在于，他们并没有意识到自己的每一次谈话都是在与人沟通，而不是在传播自己的想法。如果他们能够更多地站在沟通的角度上看待问题，就不会太介意自己是否需要说一些让人印象深刻的话了。通常来说，他们需要明确自己所要表达的事情，以及所要展示出来的态度。

（1）内核很重要

一段话能够吸引人靠的是内部的"真材实料"，而不是一个感情丰富的终极口号或者噱头。虽然很多人都是"标题党"，喜欢事先喊出一个夺人眼球的标题，但他们仍然不喜欢毫无新意或者说根本就不存在什么实质的内容。对于这种依靠标题来哗众取宠的人，多数人都会感到反感。

（2）内容真实

谈话要有凭有据，内容要真实可靠。信口胡说的人，哪怕措辞再丰富、技巧再高超、言语再漂亮，也无法真正打动人。没有人愿意花太多时间听你谈论一些根本不存在的事情，胡诌会给人留下不良的印象。有时我们攻击某人"依靠关系被提拔上去"，但实际上对方毫无背景，这时候造谣者的名声可能会让我们自己身败名裂。

（3）不要将沟通当成表演

真正的谈话和沟通，需要保持一个诚挚的、专注的态度。谈话者的一言一行必须显得沉稳、成熟，而不是太过情绪化。有些人常常会将自我表达的机会当成一次表演，语调怪异，表情做作，经常加入一些不必要的感情，或者加入一些浮夸的句子和叹词。这样的话语听起来更像说书，而非彼此之间的沟通和交流，自然难以真正让人放心与之交往。大家会觉得，"这些天赋有助于他成为一个更好的演员"而不是"一个更好的朋友"。

第二章

技巧90：一开口就赢

❶ 千万不要只说「我」

　　我22岁的时候，有幸在一家外企上班，并很快凭借优异的工作表现获得了提拔的机会。当时我入职只有半年的时间，与我一起竞争职位的是两个工龄超过三年的老员工。我的压力很大，但心中隐约感觉到自己在某些方面还是占据优势的。毕竟以我的资历来说，能够赢得这样的机会，本身就是对我的一种认可。

　　为了让大家更好地认识我们，领导给了我们一次演讲的机会，目的当然是通过自我展示来拉选票。这对我更加有利，因为早在大学期间，我便经常参加各种演讲和辩论赛，口才上绝对不输任何人。那一天的演讲，我自认为非常出色，几乎可以说是超常发挥。

当天下午，公司公布了最终人选，之前呼声最高的我竟然意外落榜。下班的时候，老板把我叫到了办公室，他说："你知道自己为什么会落选吗？"我低着头没有应答。

"我刚才注意到了你的演讲，你一共说了23次'我'，当然，我看了你的稿子，一共是25次。令我感到疑惑的是，竟然没有一次是'我们'，你的对手们都至少提到了5次。因此，我觉得你应该明白其中的缘故。"

这时，我才意识到这个问题的严重性，我无法去辩解自己是出于习惯性的表达，还是在潜意识中根本没有建立起"我们"这样的概念。总之，我为自己没能分清这两种概念而付出了惨重的代价。

在与别人进行日常交流的时候，我们经常说"我"，还是说"我们"？这会不会带来一些麻烦？也许很多人并未认真考虑过这个问题，并不觉得"我"和"我们"会有什么不同。无论是"我"还是"我们"，似乎都不过是一个习惯性的表达方式罢了。但如果好好地斟酌一下这两个不同的词，就会发现那些常常说"我们"的人往往会更受欢迎，而说"我"的人通常都会被排斥。

尽管你一直认为自己说了自己想说的话，自己也足够真诚和忠心（这些的确是员工受宠的必备要素），但面对一个始终在说"我该怎么样"或者"我能怎么样"的人，老板的脸色肯定不会太好。他在乎的是一个团队，而不是具体的某个人某个主张。那个常常说"我"的人会被贴上"善于自我表现，缺乏团队意识，缺乏合作精神"的标签，甚至被认为是一个自私自利的人。

从字面意思来说，"我"只代表自己，不过是一个最小的个体单位。那些一口一个"我"的人，会让对方误以为自己不受到重视，以为说话的人漠视双方的关系。这种伤害也许是无意识的，但在交谈的另一方看来，这个词的背后表达出来的是一个人的态度，对于群体、对于朋友、对于生活与工作的一些基本态度。

在企业中，在任何一个团队和群体中，每个人首先应该强调的是"我是组织中的一员"或者"我们应该做点什么"，而不是"我是谁""我能做点什么"。作为社会人，我们表现的更应该是某种社会性、某种共性，我们需要展示出合作的意愿，并且明白无误地告诉对方"我们就是一个整体"。

⟨ 三项要点 ⟩

（1）在对外事务上

如果你正代表公司处理一些对外事务，首先要明白，自己其实什么也代表不了。无论你做什么、说什么，都需要冠以整个团队的名义。在这方面，"我们"所表达出来的意思远比"我"更具分量和权威性，也能够更好地说服和打动别人。比如，在商谈的时候，多说"我们乐于与您合作""请容许我们考虑一下""我们将会在几天后给您答复"，这样的说法无疑更具分量，也更加庄重。

（2）在内部的工作中

任何一项团队工作，首先是集体的，然后才是个人的。因此，在提出工作建议或者探讨内部工作机制的时候，千万不要说"我"，只有愚蠢的人才会将孤零零的"我"凌驾在团队之上。哪怕你真的有真才实学，也不要忘了在老板面前说一声"我们会做得很好"，不要忘了表示对其他成员足够的尊重。任何一个团队都不会希望有独狼存在。只有适当忘记"我"，才能够真正让自己被团队所接纳。

（3）与人合作时

现如今，合作已经成为竞争环境中的一种必然趋势。与人合作的时候，合作者需要明白一个基本的道理：自己与合作对象是一个利益共同体。这种利益共性就决定了合作方已经成为"我们"，而不再是单个的"我"。当你对着合作伙伴大谈"我"时，无疑是一种分裂阵营的做法，对方会对你合作的初衷提出质疑，这时候双方的合作基础会变得更加脆弱。而多说"我们"，则能传达出更加善意也更具认同感的信号。

心理学家曾做过调查，喜欢说"我"的人，往往存在自私自利的倾向，做事情比较冲动，缺乏全面的思考，喜欢冒险，且不习惯于与人分享。这些人在人际关系上会遭遇很多问题，事业发展不太理想。而喜欢说"我们"的人，更富有同情心和责任心，他们更擅长协调和管理，为人处事更加理性和稳健，此外，这种人的朋友通常比较多，更容易获得自己想要的东西。这种比对，不得不让人给予足够的重视。

2

抓住好奇心，你的话就说对了

2008年，金融危机席卷全球，多数行业受到了冲击，其中房地产公司受到的影响最大。由于大众消费欲望不强烈，大多房子根本卖不出去。很多商家不得不进行降价处理，可是在金融危机期间，降价并不会吸引太多消费者的关注。

这个时候，有个精明的开发商想出了一个巧妙的方法。他在对外界宣传时，放出这样的消息：**"公司目前形势大好，每天限购7套房子。"**

这引起了很多民众的疑惑：限购的行为难道意味着金融危机就快过去了，房子马上要开始大涨价？或者是这家公司的房子质量很不错，很多人都在抢购该公司的房子？在好奇心的驱使下，许多客户前来咨询，房屋的销售量也大有起色。

这个开发商的成功，就在于他巧妙地运用话语技巧抓住了客户的好奇心，使得他们对话语信息进行猜测和解读，最终成功制造了噱头，诱导他们消费。

很多时候，只有在言语上抓住他人的好奇心，才能让自己拥有更多的话语权和发挥空间。例如，在iPhone 4发布会之前，乔布斯对媒体说："我们将发布一款新产品，它会改变这个行业的规则。"对于如何改变行业规则，乔布斯根本没有多说，他只是单纯地吊起了大家的胃口。等到发布会那天，大量媒体蜂拥而至，新手机的关注度明显提升，而iPhone 4最终也在全球大卖。

ᐸ 两项要点 ᐳ

作为一种有效的沟通方式，抓住好奇心的确可以起到增强交流效果的作用。想要引起好奇心，关键要从两个方面入手。

（1）设置悬念

很多人在谈论某个优秀企业家时，会这样进行描述：

"他家庭条件不好，小时候没钱读书，后来外出闯荡，依靠自己的努力挣到了人生的第一个100万。但是他毫不满足，接着迅速扩展业务，加大投资力度，最终成为了亿万富翁。"

这样的平铺直叙，根本没有任何美感可言，听故事的人也会因为过于俗套的语言设计和单调的情节而失去兴趣。

有技巧的人会适当地设置一些悬念，比如：

"我认识一个企业家，在几年前，他还是一个身无分文的穷小子，但是现在拥有亿万身家，你知道他是如何创造奇迹的吗？"

这样的描述就很容易提起听众的胃口，通过设置问题，大家可能就会想要迫切地了解这个企业家成功的秘诀。

谈话有时候需要像侦探小说一样，设置各种情节，环环诱导，同时要做好隐藏，引起听者的兴趣，就像冰山理论一样（露出水面的冰山只是其整体的很少一部分，剩余大部分都在水底下隐藏着）。叙说者需要把握好尺度，尽量说出一部分的内容，然后为下面要说的话设置悬念。出于对那些隐藏内容的好奇，多数人会迫不及待地想要弄清楚接下来的内容是什么。

例如："今天早上，有一条蛇跑到院子里去，我刚走进房间，就听到妈妈在院子里大叫。"这样的话更像是在公交车上打发无聊时间时所说的废话。

如果谈话者将其修改一下，这样表述："今天早上，我刚走进房间，就听见妈妈在院子里大叫。"以这样一句话开头，对方就会产生一定的兴趣，他想要了解"我"妈妈为什么会大叫，因此愿意继续听我说下去。

为了更好地吸引别人的注意力，我们还可以进一步改进表达的方式，如"今天早上，我刚进房间，突然听到一声尖叫"。这种表述的方法无疑更具魅力，倾听者一定会被快速带入这种诡异的氛围，并且产生很多疑问：这个叫声是谁发出的？这个叫声来自哪里？为什么会出现这个声音？喊叫的人到底遭遇了什么？这些问题会促使他们本能地去探听到更多具体的信息。

（2）制造反差

制造反差通常会让我们的观点变得更加突出、独一无二。这样一来，大家更容易将目光聚焦在我们的谈话上，都想要听听我们该如何面对这些问题。

在公司内部会议上，第一个人说："我们应该把握机会，立即出手争夺这项业务。"第二个人表示赞同，并提议"调动更多的人力来进行市场调研"，第三个人则会强调"大家必须将所有的资源集中起来投入进去"。大家一一发言，对某件事情接二连三地进行评论和补充，但所说的事情几乎都是同一个观点。参加会议的人可能会对接下来的发言渐渐失去兴趣，甚至不等对方说完，就产生反感情绪。

如果此时有人站起来说"**在开发市场时，我们什么也不要做**"，这番话也许会迅速引起大家的关注。接下来，就可以在大家的好奇中提出自己的看法："**现在所有的竞争对手都在盯着这块肥肉，竞争必定很激烈，为了不成为红海式竞争中的牺牲品，不妨坐山观虎斗，最后再来收拾残局。**"

这样一来，我们更容易完整地表达出自己的观点，并得到足够的重视。

事实上，在多数时候，我们都过分看重自己要说些什么，而没有想过自己该怎样表达得更好、怎样才能让别人认认真真地坐在那儿听我们说。我们有很好的观点和见解，可是如果对方根本没有耐心倾听，那么一切就没有任何意义。多数人执着于"我将要如何表达自己的观点"以及"如何去说服别人"。但这一切的前提必须是对方能够平心静气地听你说这些话，必须先对你的话产生兴趣。因此，把引起他人的好奇心作为首要解决的问题，是一次成功谈话的基础。

3

投其所好，找到他的兴趣点

　　说话是一个传递信息的过程。信息不仅需要准确地发送，还要准确地被人接收，这样，说话才能起到真正的效果。但多数时候，我们都处于一种信息发送的状态，而很少去关注别人是否一直在接收。

　　例如，我们在飞机上遇到美国人，可能会热情地跟他们打招呼，然后一连几个小时都在兴致勃勃地聊足球或者羽毛球，最后却发现新结交的这些美国朋友一脸的不情愿；又或者我们有时要在周末的午后陪着祖父一起聊天，但当我们不厌其烦地聊新版的漫画和新的电子游戏时，老人家大概很快就会睡着。

　　尽管我们拥有沟通的意愿和诚意，很多时

候，我们的话并没有产生那种让别人高兴交流的魔力。对方
可能勉强坐在那儿说上两句话，象征性地表示一下礼貌。对
方的消极回应并不一定意味着他没有交流的意愿，问题在于
我们没有将话题说到对方的心坎上，没有说出一个让对方感
兴趣的话题。多数人常常只关注自身的需求、喜好、方式，
并觉得对方大概也会喜欢这些东西，却忽略了别人真正的兴
趣点。

一个善于沟通的人应该主动去了解别人喜欢什么，而不
是依靠主观意识和经验来进行判断。例如，我们自认为足球
和羽毛球很不错，但美国人通常只对篮球、橄榄球或者棒球
更感兴趣，同理，我们觉得漫画和电子游戏是生活中最具乐
趣的东西，但在老人看来，也许戏曲会是更好的选择。了解
他人的兴趣点，这对于沟通关系的确立和维持至关重要。如
果我们渴望和别人建立更稳固的关系，渴望获得更多的关注，
那就要去弄清楚别人的喜好，将其当成谈资。

我曾经应邀去拜访美国商会的一位副会长，他是我们公
司在中国的重要合伙人。那一天，我和几位企业家一起去拜
会他，参加他的家庭烧烤晚宴，但是彼此之间没有什么话要

说。当我们在兴致勃勃地谈论葡萄酒、烧烤文化、商业机遇、股市行情时，他却坐在那儿喝咖啡，显得无动于衷。

回去之后，其他企业家都显得有些不满，认为这个副会长过于傲慢，有着典型的美国大兵做派。还有一个企业家抱怨，自己本想和他单独谈一谈，可是还没说上两句话，对方就一直在接电话。很显然，初次拜会并不成功。不过，我还是决定再试一次。这一次老板提醒我，应该预先对这位副会长做一番调查。在翻阅他的个人简历时，我发现了一条重要线索，他曾在哥伦比亚大学修过哲学，而且出过专业的论著。

几天之后，我拿着他写过的哲学书，再次登门拜访。由于事前做足了哲学方面的功课，我一直在称赞他的作品，并且提出了很多深层次的哲学问题。那一天，他就像完全变了一个人一样，一整个下午我们都相谈甚欢。

从严格意义上来说，这只是一条捷径，却也是我们顺利融入他人生活的必要手段。面对自己感兴趣的事情，人们更容易放下戒备心。

面对陌生人时，我们的殷勤之举往往会受到排斥，在这种情况下，我们需要找出对方真正在乎的东西，以便让对方更好地接纳我们的话题。

在此之前，我们必须做好充分的准备：

尽可能收集对方更多的信息；

观察对方平时谈论的话题以及喜欢做的事情；

了解对方平时和什么人待在一起。

需要注意的是，在谈话时，每一个人都应该适当隐藏自己的动机。对于对方感兴趣的话题，一定要自然而然地说出来，以免让对方觉得你只是在配合，而非在沟通。此外，在对方感兴趣的话题上，我们要尽可能说得少一些，以免让人觉得自己在争夺话语权或者刻意炫耀。

4

好话说得太过，也会腻死人

在20岁的时候，我曾经去拜访父亲的一位朋友，希望从他那儿得到一些工作上的帮助。当时我们在一家咖啡厅见面，我故作深沉和老套，当着他的面说了很多中听的话，甚至添油加醋地说了一些父亲对他的好评。我以为事情一定会得到圆满的解决，但交流中他一直保持沉默，转着杯子，礼貌性地微笑，我知道他正在变得越来越不耐烦。当我们分开后，他并没有给我打来电话，也未给我提供任何帮助。

在多数社交场合，我们一直都在致力于如何取悦他人，想尽办法用赞美来赢得更多的关注，为个人的追求和索取创造更好的机会。可是，我们往往忽略了赞美的前提——实事求是。诚实是为赞美加分的一个重要前提，尊重事实的恭维才能够让人坦然接受，激发出对方的自豪感。相反，当我们编造一些不合时宜或者不存在的事情强加到对方身上，哪怕是赞美，也会毫无意义。因此，任何人都不能为了赞美而赞美，不能将原本美好的东西渲染成一个根本不存在的、虚伪的掩饰。

〈 三项要点 〉

一个会讲话的人，一个善于赞美别人的人，应该善于把握一个合理的度。他们该知道什么时候去赞美别人，如何赞美别人，赞美的要点停留在哪里。这远比盲目增加赞美的内容和力度更加巧妙与高效。换句话说，一个会讲话的人，应该懂得掌握好赞美的分寸，避免陷入过度恭维的状态。

（1）在功能性描述方面，切忌使用"最好""第一""最出色"等字眼

德国西门子公司当年准备和爱立信进行合作，西门子谈判者在谈判过程中一连说了十几项"最好"来称赞对方，包括最好的团队、最好的技术以及最好的设计方案，没想到爱立信的高层非常反感这些过分夸大的事实，他们认为这不符

合西门子一贯的作风，因此取消了合作。在评价别人的能力或者产品时，应该实事求是，避免使用过分夸张的字眼，以免引起对方的怀疑与反感。

（2）美化对方的缺点，是最愚蠢的表现

法国作家埃里克是个秃顶，他常常为此感到苦恼，每次出门都会戴上帽子遮掩。有一次，一个新人作家前去拜访埃里克，交谈中，他突然说自己也希望像埃里克那样秃顶，因为那样看起来会更加成熟和睿智。他原本是想取悦埃里克，结果却被愤怒的埃里克轰出了家门。

当别人身上表现出某种缺点时，很多谈话者会故意美化对方的缺点来迎合对方。这样做往往会弄巧成拙，不仅会让人觉得太过虚伪，还会凸显出对方这个缺点，结果适得其反。

（3）不能将所有的谈话都当成个人的赞美表演

很多人从挑起话题的第一句话开始，一直到谈话的结尾，全程的内容都是一些赞美之词，这是对他人能力和优点的过度消费。而这样做显然会让对方感到心烦，相信对方会迫不及待地结束这一段谈话。

其实，与人谈话时，最重要的就是做到言之有据，只有

将所有的赞美建立在事实的基础之上，他人才能够舒舒服服
地接受你抛过去的"糖衣炮弹"，才会愿意与你建立更为亲密
的关系。

5

在合适的场合，对着合适的人说合适的话

想要做好一件事，就需要注意把握好天时、地利、人和。实际上，日常交流中同样需要把握住这三个要素。

（1）天时是指合适的时机

墨子曾对弟子说，生活在水边的蛤蟆、青蛙，还有逐臭不已的苍蝇，它们不分昼夜，叫个不停，但是因为时机不对，吵得人厌烦不已。而公鸡在别人即将醒来的时候打鸣，提醒大家起床，只有它真正把握住了时机，从而赢得了大家的尊重。

在墨子看来，好的谈话必须注意对时机的掌控，同样的一番话，在不同的时候说出来，效果往往截然不同。

如果在老板生气的时候告诉他公司里新业务可能又要搞砸了，那么老板无疑会将所有的怒火发泄到你的身上，尽管这项业务并不是你负责的；如果你的朋友正在赶时间，而你却拉着他喋喋不休地说着各种废话，你就很可能会点燃对方的怒火；如果他人正忌讳谈论某件事情，而你却"顶风作案"，四处宣扬这件事，那么你一定会得罪他。

通常情况下，谈话者要注意掌控好时间：

注意他人的精神状态和情绪波动。一旦对方不在状态，我们的谈话就不会起到应有的效果。

谈话也分早晚。有的话不宜早说，说早了达不到效果；有的话说晚了则没有任何意义，一切要视情况而定。

谈话者要看自己的谈话与当时的大环境是否协调，如果出现了冲突，就要懂得三缄其口，或者换一种说法。

（2）地利是指合适的场合

不同的场合，对于说话者往往有不同的要求，因此，我们必须准确把握自己的处境。

1.是正式场合，还是非正式场合？

在会场上，我们更需要顾及领导的面子，需要顾及在场人士的身份，保持一个成熟、稳重、负责任的个人形象。在这样的情况下，我们的发言必须做到严肃、正式，所说的话必须尽可能地表达一些官方立场。

相比之下，在一些非正式的场合中，大家往往可以随意自由地发挥或者开玩笑，插科打诨。你可以表达自己的某些观点，在别人说话之后，适当地提出几个反对性的意见，没有太多的规则会来约束个人的言论，没有人会要求你必须说得更加漂亮，必须说得很有逻辑。

2. 是喜庆场合还是悲痛的场合?

不同的环境氛围对于人的情绪的影响不同，我们必须在不同的氛围下做出语言表达上的适当调整，以迎合他人的情绪和情感需要。贸然违背这些规则，可能会让我们的谈话显得突兀且没有教养。

比如，在婚宴等喜庆的场合，大家通常都保持相对放松的状态。此时我们可以谈论一些相对轻松愉悦的话题，"你最近在去哪里旅游了""我知道一个地方，非常好玩""看来你最近的生意还不错"……这些话能够契合喜庆的氛围，迎合他人的心理状态，双方也更容易把话说到一起去。

但是在相对悲痛和哀伤的场合，如果我们不加以判断就自说自话，可能会引起尴尬。例如，在葬礼上，肆无忌惮地谈论"我这个月从股市捞了不少钱""我们一会儿去酒吧里痛痛快快喝一杯吧""今天的天气看起来还不错",或者在别人都沉浸在悲痛的时候,兴致勃勃地谈论各种笑话,这会显得太不尊重死者,容易被人误解为幸灾乐祸。

(3)人和是指合适的交谈对象

每个人都会身兼各种角色和责任,这些不同的角色决定了一个人在面对不同的人时需要用不同的方式进行表达。比如,一个女人在公司里是高管,她可以随意指挥下属,用命令的口吻强制要求下属们做一些事,但是回到家里,她必须明白自己的身份是他人的妻子,是儿女的母亲,也是父母的孩子。为了维持家庭的和谐,她需要转变自己的角色,改变自己的说话方式。

在领导面前,谈话必须严谨、谦卑、低调,且表示出服从的意愿,多说一些"是""是的""我会照办的"等话;在父母长辈面前,要表现得温和、恭敬,不能轻易拿他们开玩笑,同时要善于倾听;在面对朋友时,说话可以自然轻松一些,这样有助于增进感情交流;在面对客户时,要表现得更加自信、从容,并且不要忘了称赞对方。

除了对自己的角色进行精准定位之外,谈话者同样需要对交流的另一方有更深的了解，包括对方的性格，对方是不是喜欢听到更多的赞美，是否足够正直、谦卑，是否具有绝对的占有欲和控制欲。了解一个人的性格，有助于我们更好地把握相应的谈话方式。

天时、地利、人和这三个要素往往是以一个整体出现的，在沟通中常常缺一不可。忽视了其中任何一个要素，都会影响谈话的效果。只有在合适的地点、合适的时机对合适的人说话，才能够把话说到位，得到他人的关注和认可。

6

说话时，不要忘了加上标点

许多孩子常常觉得幼儿园里的老师说话声音特别好听，要求自己的爸爸或者妈妈也用同样的声音说话。多数父母会觉得困惑，自己对孩子同样很有耐心，很温柔，为什么多数孩子会更加迷恋老师的声音？如果家长们愿意认真花一个下午的时间听老师讲课，就会发现他们的声音未必具有磁性，但却让人听着很舒服。

英国牛津大学的科尔曼教授认为这种现象非常有趣，他花费了两年时间去幼儿园听课，并且和老师进行交谈。他发现这些声音之所以让人觉得动听，就在于恰如其分的停顿。在讲课时，多数老师会发挥讲故事的天赋，他们总能知道在哪儿断句，知道什么时候休息一下会让人意犹未尽，知道什么时候暂停一下会给听众制造调整的机会。

与之相比，保险推销员的表达方式常常会惹人厌恶。他们习惯于在一分钟内说200个字以上，而且几乎不设置多少停顿的时间，他们要做的就是在最短时间内说服你。单就语感和动听程度而言，推销员的声音堪称典型的"噩梦"。这种高速的话语往往会产生一种压迫感，使人招架不住。

在固定时间内，尽可能多说一些话，尽可能地把话说完，我们以为这就是口才好，但是说得越快越多，并不意味着对方接收得也越快越多。每一个倾听者都需要充分的时间来吸收和消化他人的观点和想法，厘清自己的思路，并且做出正确的判断。如果一句话说得太快，没有停顿，那么对方可能不知道你的重点在哪儿，而不知道你的最终目的是什么。

一般情况下，说话时应该体现出说话人的思想感情，是高兴、忧伤、愤怒，还是平和、恐惧或失落等。倾听者需要依据说话的语速、停顿、起伏来感知谈话者的情绪波动。正因为如此，随着说话者思想感情的起伏变化，以及内容结构上的疏密变化、事情的轻重缓急等要素的影响，整个谈话节奏也会不断发生变动。说话的人必须做到抑扬顿挫，合理掌控每一句话的节奏，做到有规律、有节拍、有韵律，从而提升语言的魅力和说服力。

不过，把握节奏并不意味着胡乱停顿，也并不意味着将所有的话分解，说得支离破碎，这同样会破坏语言的美感，丧失其应有的沟通效果。为了让所有的话听起来更加舒服，我们需要结合自己的表达能力、性格、思想、情绪以及想要传达的意思，同时还要结合对方的接受能力和情感波动来进行表达。

❮ 三项要点 ❯

（1）语速适中

在正式的场合或者长辈们面前，谈话者一定要确保语速适中，语速不能太快，而且要有比较合理的停顿，一定要确保听众能够听懂所有的表达，而不至于让听众产生怀疑，误认为谈话的人因为怯场而导致语速过快，没有注意把握好停顿的节奏。

辩解或者争论的时候，不要过于激动，而应该保持正常语速，甚至可以适当缓慢一些，增强节奏感，显示出个人的沉稳和自信。此外，语速稍慢、句子之间的停顿稍长一些，会显得更具说服力。

（2）主动提示

提到重要的或者核心内容时，不要一语带过，一定要注意加强语气，或者特别地加上"这一点很重要"作为注解，这样就能够将这句话从整体内容中凸显出来，引起听众的关注。

（3）注意停顿

在表达自己的观点或者回答问题时，一定要适当延迟说话，句子说得缓慢一些，多一些稍长的停顿。这样可以证明自己所说的话的确是经过深思熟虑的，而不是一时冲动，同时也可以确保对方有时间余地仔细回味那句话。

在聊完一个话题时，适当停顿，从而给对方一点缓冲和适应的时间；在谈话进入一个高潮期，且大家的情绪被调动起来时，要注意适当停顿，以方便对方调节情绪，并且有助于为接下来的谈话提供助力。

7

拒绝的艺术：没人会喜欢直肠子

　　我的孩子总是在周末央求我在院子里做一些单调的游戏。每当她提出此类要求时，我总会无奈地给她看我第二天必须上交的稿子。她不能理解为什么我一天到晚都在工作，我不得不当面告诉她："爸爸正在做事，而这些事情是不允许被打扰的。"或者说："爸爸要做大人的事，而不是像小孩子一样在地上打滚、玩泥巴。"

　　当然，我一直没有在意女儿是否真的听进了这番话。直到后来，我才从妻子那儿得知，女儿在周末最后一天总是闷闷不乐，一整天都不和别人说话，她甚至在学校布置的日记上写着"令人讨厌的星期天以及星期天的爸爸"。

　　这件事让我感到震惊，同时也让我感到愧

疾。事实上，在与孩子进行沟通时，我完全可以做得更好一些，比如，告诉她："**好的，等你先把那个城堡做好了再说，爸爸需要学习一下。**"当孩子们真正投入自己的游戏中时，可能就会忘了要找一个玩伴。

回想在工作中、生活中的经历，我可能在不经意间也曾如此残忍地拒绝过其他人，自己却对此全然不知。也许我是在按照自己的原则行事，遵从内在的声音，但过分地坚持自我，就会在别人眼中造成冷漠残酷的坏人形象。

拒绝也需要技巧。它不是一种生硬的表态："行"或者"不行"，"同意"或者"不同意"。拒绝别人的时候，我们必须顾及对方的感受，以及由拒绝带来的双方关系的变化，不能因为拒绝一件事而失去了一个好朋友，或者就此得罪了一个重要的人。反过来说，尽可能降低对他人的伤害，尽可能淡化立场上的对立，才是最合理的拒绝方式。

那么，当我们面对一件不想做的事情时，该如何做出回应？

❮ 三项要点 ❯

（1）委婉拒绝

受邀参加一个聚餐时，如果不想参与进去，有的人会直接回复："对不起，我今天什么也不想干。"或者"我对聚餐毫无兴趣。"这种生硬的拒绝往往让对方下不了台面，甚至觉得自己是在自作多情。一个聪明的人会委婉地表示拒绝，"我很想参加这样的聚餐，不过很可惜，我今天还有一些很重要的事情要做"，或者可以说"我真的很乐意和你一起去参加聚餐，也很开心你会邀请我，但我手头的事情太多了，恐怕只能下一次再找时间了"。相比之下，后面的回答要委婉温和得多，既给自己找了一个好的台阶，也让对方感受到了最起码的尊重。

（2）巧妙转移

每一届奥运会期间，体育运动都会成为朋友圈中热议的话题。有的朋友可能会问："你看昨天晚上的举重比赛了吗？简直太精彩了。"也许你根本不关心这种比赛，接下这样一个你不知道或者不感兴趣的话题的确让人困扰。然而，我们不能硬邦邦地回应说："这样的比赛我从来不看，我更喜欢足球。"为了避免打击对方的积极性，我们完全可以转换一种方式："是吗？我还没有时间看，我等下一定要看看重播。"这样就可以防止对方不厌其烦地介绍各国运动员的表现或者分数。

如果想要进一步摆脱这个话题，我们还可以适当地转移话题："是吗，看来你非常喜欢这项运动啊，你平时也锻炼身体吗？"从而巧妙地将体育话题转移到生活中来。

如果对方有求于你，而你想要拒绝对方，完全可以尝试着转移这样的压力，比如，告诉对方"很想帮你，但这件事有些棘手，你最好先找××问问"，或者说"这件事并不在我的管辖之内，你可以找其他人咨询一下"。

（3）短暂沉默和延迟

对于那些为难之事，如果我们不方便帮忙，也不想因为直接拒绝而得罪他人，最好的办法就是在别人提出请求时，短暂地保持沉默，并且面露难色。这样一来，对方就可以从你的表情和肢体语言中了解你的处境。此外，我们也可以支支吾吾地重复一些简单的、破碎的词，如"这个……这个嘛……让我想想办法"，"嗯……这个……我觉得……是"。通过这种不确切的言辞，可以直接地表达出自己的为难之处，相信对方也会很快明白。

无论采取何种方式，拒绝者必须明确一点：拒绝并不意味着彻底和对方所提的事情撇清关系。想要确保双方的关系不会因为这件事情受到影响，就千万不要让别人觉得你在拒

绝和逃避他们。通常情况下，拒绝者需要寻找一个更加合理
的解决方案，表明一个态度：我会想办法解决问题，同时为
你的要求提供一个可行的替代方案。而像"等一会儿""下一
次""有机会的话""我找人想想办法"，这些都是非常得体的
措辞，这样一来，对方就不至于因为被人拒绝而心怀不满。

8

谈话时，不要忘了顺势追问

有一次，卡耐基准备从德国机场飞往美国。由于受到下雪和风暴的影响，飞机晚点了两个小时，他不得不在机场里等候。当时，有几个女人坐在他旁边，其中一个女人谈到了她丈夫在法兰克福的生意，她谈得兴高采烈，但其他女人对此似乎没什么兴趣。就在这个时候，卡耐基突然问道："你丈夫的公司也在法兰克福吗？"那个女人抬起头看了看卡耐基，微笑着说："是的，先生。"接下来，她将丈夫如何白手起家、在生意上的一些策略、合作伙伴以及相关的故事娓娓道来。

两个小时很快过去了。登机之前，那个女人对卡耐基说：**"谢谢您，先生。和您的谈话真的非常愉快，您真是我见过的最健谈的一个人。"**

　　事实上，卡耐基从头到尾只说了两三句话，而且大多是一些提问，余下的全部是那个女人自己说，但正是这两三句恰到好处的问话，让那个女人对自己的谈话有了更大的自信。

　　在很多时候，说话者的谈话内容也许并不重要。善于交流的人懂得在倾听的时候展开适当的互动，顺势进行简单的追问，有效地保持说话者的自信。

　　很多人会误认为倾听就是彻底保持沉默。实际上，为了证明自己的确是在认真倾听，做出适当的回应是非常有必要的。对一个有经验的人来说，如何对说话者及时做出回应、激励说话者继续话题，是一个非常重要的说话技巧：一方面要主动保持倾听的姿态，尽量保证对方获得足够的发言权和话语权；另一方面又要积极进行互动，让对方觉得自己的话语具有一定的吸引力。

❮ 三项要点 ❯

　　从交流的效果来看，顺势追问是一种非常讨人喜欢的互动方式。其表达可以分为以下几种：

（1）为了确定某个特定内容的追问

在一段谈话中，不可能所有的内容都是重点，倾听者最好是针对某些特定的内容进行追问，比如，可以对说话者提到的某个人物、某个地方、某个时间段进行追问："你刚才说的是谁？""哪个地方？""你们什么时候认识的？"

对特定问题进行追问，是为了让说话者重复和强调这些内容，从而给说话者发送一个积极的信号："你的话让我十分感兴趣。"

（2）表示惊讶的追问

如果说话者说了一件自以为很有趣的事，那么倾听者有必要进行察言观色，重点针对这些话题或者观点表达自己的感想。面对一些趣味性比较强的话题，倾听者不妨追问一句："真是不可思议，怎么会这样呢？"

这种追问可以告诉谈话者："你说的真的与众不同，让人印象深刻。"

（3）探索性的追问

当说话者讲述某件事情的时候，并不可能说出每个细节，总有一些内容是他们没有提到或者没有进行详细说明的。倾听者要做的就是在现有谈话内容的基础上进行深入挖掘，多问几个为什么，要求对方说得更加详细一些。这样不仅可以让说话者扩展和丰富自己的话题，还体现出了倾听者用心倾听、用心思考的态度。

实际上，无论是哪一种追问，其本质都是为了给说话者释放一个信号：我对你的话题很感兴趣。这种表态对说话者来说往往至关重要，他们不用再去承受"接下来该说什么"的压力，也不用担心自己的话可能不被人关注，这无疑会让交流变得更加顺畅、持久。

第三章

谁掌控了情绪，谁就拥有了话语权

1

再多的风度也会被愤怒带走

你是否常常因为别人的一些过失而怒火冲天？这个问题也许并不仅仅在于个人是否拥有足够的修养，还在于个人是否拥有强大的自控能力。心理学家发现，多数人都容易被自己的负面情绪所绑架，而愤怒则是其中最为常见的一种。

例如，有一次，通用电气总裁杰克·韦尔奇安排自己的下属戴维·默克提交一份新的方案。由于戴维错过了公司规定的提交方案的时间，韦尔奇非常生气，他指责戴维没有用心做事，并准备扣除他一个月的奖金。实际上，戴维一向尽职尽责，只是在那段时间，他的小儿子因车祸不幸离世，才影响了他的工作。

在那之后，戴维提交了休假一个月的申请，

韦尔奇却误以为戴维是不满自己的指责，向自己示威，于是他更加怒不可遏。在收到戴维的申请书后，韦尔奇当即就做出了一个决定：开除戴维。

两个月之后，韦尔奇从别人那儿得知发生在戴维身上的不幸，后悔万分，但戴维已经成为其他公司的员工了。就这样，韦尔奇失去了一个得力助手。

愤怒是一种最直接的情绪表达和反应。一旦我们被愤怒所操纵，就可能失去理智。最近几年，医患关系越来越糟糕，很多患者家属暴打医生的新闻见诸报端。虽然有时候最初的受害者是患者，但是经过医闹之后，社会媒体并不会给予患者更多的同情，反而对其予以更多的谴责。不经意间，原本 B 出于自我保护的举动，演变成一种具有暴力倾向的行为，让更多的受害者变成了施暴者。

也许我们总在低估愤怒带来的风险。在孩提时代，我们就知道该如何利用愤怒、生气、歇斯底里来引起更多的关注。我们理所当然地从父母、祖父母的反应中了解了这一点：用发脾气的方式来表达愤怒、失望、恐惧的心情，往往是可以被接受的，摔门、打砸东西或者大声发号施令会带来更多的好处。

但是，孩提时代的这种习惯会对日后的社会交往造成很大的阻碍。很多时候，我们会发现，愤怒的语言往往只会制造更大的冲突，我们的诉求不仅没有办法得到满足，双方的关系还会变得更加糟糕，冲突会越来越严重，造成的伤害也会越来越大。在过去的几年里，很多刑事案件都是由民事纠纷引起的。也许矛盾双方只是因为一点小事便引发了激烈的冲突。如果能够对情绪加以克制和调控，很多冲突原本是可以避免的。

《四项要点》

心理学家总是呼吁大众要增强自我承受能力和克制能力。这种自我控制不仅需要对个人情绪进行压制，更需要一种技巧来引导，这样才能有效防止被愤怒冲昏了头脑。

（1）对他人的失误给予宽容

当他人对你做了一件足以让你生气的事情时，你象征性地微微一笑或者说一句"没关系"，都是非常不错的回应。它会让所有的摩擦迅速降低到一个可控的范畴。尤其是对那些容易冲动的人而言，必须时刻注意控制情绪，尽量表现出自己的修养。

（2）冷处理

当别人一而再再而三地挑衅时，当别人明目张胆地向上级投诉你时，当双方之间的矛盾不可协调时，大喊大叫往往解决不了任何问题，反而会引发新的问题。面对这些矛盾，最好的方法就是冷处理。拒绝对他人的话语做出回应，从而避免发生正面冲突，防止事态进一步恶化。冷处理通常可以给自己一个冷静的机会，也让对方拥有足够多的时间来控制自己的怒火。等到双方都想通了这件事，也许矛盾会自然而然被压缩在一个不起眼的范围内，甚至不了了之。

（3）转移话题

在日常生活中，朋友之间、夫妻之间很容易因为某件事而发生矛盾冲突，如果缺乏必要的克制手段，双方很有可能会因为愤怒的情绪而继续扩大冲突的范围，最终一发不可收拾。为了避免出现这种情况，也许最简单的办法就是暂时中止这个话题，或者想办法转移注意力，将话题引到其他事情上去，这样就可以让双方从制造冲突的话题中解脱出来。

（4）善意的提醒

当下属或者家人犯了错，切忌扯着大嗓门骂对方是"白痴"，或者"你干了什么蠢事"，这会伤害人的自尊心，并为双方的纠纷埋下隐患。相比之下，提醒对方"你这儿做得不太恰当"或者"如果有可能的话，最好还是换一种方式"，这种相对缓和的方法，无疑会起到更好的说服和引导作用。

无论如何，面对分歧或者危机时，我们必须保持成熟而慎重的思考，以确保自己说出去的话不是带着火药味的炮弹，以免激化矛盾。时刻都保持理性并不容易，但我们必须让自己的愤怒受到约束，因为一旦它爆发出来，所有的话都会产生巨大的破坏作用。

❷ 杀死生活的往往是你的抱怨

在生活中，总有一些人喜欢抱怨。在领导面前抱怨自己受到了冷落；在朋友面前抱怨自己最近的倒霉事；在遭受无礼对待时，抱怨对方不够礼貌；在遭遇困难时，抱怨没有得到足够的帮助。然而，在到处抱怨时，多数人并没有意识到两个基本的问题：

（1）你抱怨的事情是否真的那么严重？

有人撞了自己却没有道歉，我们会向朋友抱怨"现在的人素质真差"；邻居家的狗在自己的花园里刨了一个大坑，我们会在晚饭的时候抱怨邻居太过无礼；当自己去医院花了一大笔医药费时，我们要抱怨"现在的医疗制度简直就是一个笑话"；当老板决定将奖金发给其他人时，我们同样会抱怨"我做了那么多努力，却没有得到应有的尊重"……

这些不幸的事情看上去很值得抱怨。但事实上，我们每天在拥挤的公交车和地铁上，彼此难免会发生碰撞，这简直不叫事；邻居家的狗在我们的院子里刨了坑，但这和邻居并没有关系，有时我们自己的狗也会在邻居家的院子里刨坑玩耍；在医院里，医生不可能给你免费治病，退一步来说，如果没有医疗保险制度，我们将花费更多的钱；老板将奖金发给其他人，不是因为我们不够努力，而是因为其他人的工作做得更好……

一旦想清楚了所有事情，我们就会发现，那些问题根本不值一提。我们并没有意识到，与那些更加不幸的人相比，我们仍旧无比幸运。在很多时候，由于脆弱的感情，我们往往会对发生的一些挫折感到无助和愤怒，尽管这些挫折根本无足轻重。

因此，我们需要提高控制自己情绪的能力，时刻告诫自己："这件事情影响不了我。""这件事还不足以让我抱怨连连。"在更为严重的事情发生之前，我绝对不允许表达自己的愤怒、失落和不满。

（2）抱怨是否让你过得更好一些?

我们习惯于抱怨,却从未想过抱怨究竟会带来什么,我们在质疑老板"不公平"时,老板并不会为我们涨工资;当咒骂教育制度不合理时,并没有任何人会为我们创造一套合理的制度;当抱怨现在的"富二代"和"官二代"无法无天时,他们依旧开开心心地过着自己的美好人生;当抱怨自己一无所有时,我们并没有找到一种可以一夜暴富的方法。

抱怨是否会改变什么,是否会让我们变得更好?

很显然,一切并没有得到改善。抱怨产生新的痛苦,痛苦又产生新的抱怨,最终的结果就是我们丧失了改变现状的意愿和能力,只能活在所谓的不幸和困顿中。

对于喜欢抱怨的人来说,由于缺乏足够的自知之明,缺乏足够的抗压能力,他们很难获得青睐。无论如何,当我们对着老板说"我能做得更好"总比"为什么不是我,我做得还不够好吗"要顺耳得多。没有人愿意和喜欢抱怨的人多交流,因为这种人通常只会将责任推到别人身上,只会在自身之外寻找各种借口和原因,却从来不会主动在自己身上找问题。

我们想要通过抱怨来引起其他人足够的重视,希望为自己赢得更多的关注,但现实情况是,没有人愿意听你表达不满。因此，在事情变得更加糟糕之前，我们需要停止抱怨，需要在他人面前展示出更为积极自信的人生状态。

不要将问题看得太坏、太糟，即便真的有什么委屈和挫折，也要懂得去发现积极的一面。

例如，维尔德先生在 IBM 公司担任部门经理期间，一直兢兢业业，但是在 2005 年，他却被公司下放到另一个部门的主管位置上。面对这样的调整，维尔德气坏了。接到通知后，他一整天都闷闷不乐，在电话中和朋友抱怨。母亲见他如此失落，对他说：**"我并不觉得这是坏事，或许你可以通过新的工作来证明自己经得起任何一次考验。"**

第二天，公司的老板找到维尔德，问他是否接受这样的安排。尽管维尔德满脑子的不情愿，但他还是记起了母亲的话，于是镇定自若地对老板说："我完全接受公司的安排，当然我希望自己的新工作可以让您满意。"

老板听了维尔德的话，非常高兴。半年之后，看到维尔德在新岗位上做得非常不错，老板恢复了他原来的经理职位，并且给予了他更高的工资。

在这件事上，维尔德先生尽管对公司的做法感到不满，但是并没有当着老板的面进行抱怨，而是将其当成一次挑战，表达出积极乐观的态度，由此改变了老板对他的印象。这也是为什么当我们面对一些挫折时，最好的做法是"我会尽量去改善的""我会想办法做得更好"，而不是大声抱怨"这很糟糕"。

喜欢抱怨且自认为遭受不幸的人，可以和其他人进行对比，去看看自己的遭遇是否真的值得抱怨。

我的女儿常常抱怨我忘记给她买生日礼物，她会坐在那儿一整天生闷气，然后嘴里碎碎叨叨地念着，某个朋友的爸爸给他买了一本连环画，某同学的妈妈从国外给他买回来一个新的铅笔盒。但是有一次，当我乡下姐姐的孩子来做客时，女儿和姐姐的孩子聊起生日，她得知这个乡下小妹妹从来没有吃过生日蛋糕，更没有什么玩具，只要一碗生日面和一个鸡蛋时，就非常高兴了。

后来女儿问我可否将自己之前的玩具和礼物送给小妹妹，在得到我肯定的答复之后，她在我耳边说了一句悄悄话："爸爸，我以后再也不要什么生日礼物了。"

无论如何，我都该感谢这个外甥女，她无意中改正了我女儿的一些毛病。多数时候，我们都认为自己遭受了委屈和不幸，所以会忍不住想要抱怨说"这不公平"，但如果我们能够跳出来看看周围人，就会明白自己抱怨的事情根本就无足轻重。

其实，生活中总会遇到一些不如意的事情，当我们遇到它们时，最好不要大声抱怨，而要认真反省，并寻求解决问题的方法。潜能开发专家安东尼·罗宾曾经说过，**解除痛苦的三个方案：不要抱怨他人；不要抱怨自己；改变自己对生活的设想，才可以真正解除痛苦。**

在安东尼看来，抱怨根本就不能带来任何有效的帮助，反而会加深个人的痛苦，因此最好的办法还是控制自己的情绪，保持好的心态，然后尽量通过自己的努力去改变现状，而不是继续在抱怨中沉沦。

❸

针锋相对，只能两败俱伤

　　有一次，老板让我们写出一份开发新市场的方案，我和同一部门的张先生先后各自提交了一份方案。这让老板有些拿不定主意，因为在我们的方案设计中有很多理念完全不同。为了尽量不出现厚此薄彼的情况，老板让我和张先生进行协商，寻找一个兼容点。

　　我和张先生接到指令后，立即开始商讨方案整合的事情，看看能不能将彼此方案中最精髓的部分融合起来。但做到这一点并不容易。张先生总是觉得他的方案是最完美的，而我也同样觉得自己的方案非常不错。每当我按照自己的理解，提出一个好的观点时，张先生会立即针对性地说出一大堆反对性的意见；而每当张先生试图用他自己的观点来说服我时，我也会对这些观点挑三拣四。

因为针锋相对，谁也不服谁，我们始终没有达成什么一致的意见，方案整合的事情一拖再拖，最后老板不得不出面进行干涉，他明确提出了要求：**不要全盘否定任何一方的观点，而要注意吸收彼此的好观点；双方之间可以提问题，但不要针锋相对、盲目挑刺。**

经过老板的调解之后，我们改变了原先的做法，每当对方提出一个想法，我们都会从客观的角度进行分析，最终两个人很快达成了一致。

很显然，我们总是倾向于让别人服从自己，总是倾向于创造压倒性的优势来说服对方，我们似乎很害怕自己在交流中处于弱势。正因如此，我们常常会丢弃自己想要建立良好关系所必需的积极态度。

大多数人觉得在某些时候互动很困难，这是因为他们树立起了屏障来抵触他人。一方面，他们渴望被人接受，另一方面，他们却不能够以轻松的心态和专注的精力让自己变得更加开放，甚至在对话开始的时候，他们就已经呈现守备状态了，他们只愿意将谈话当成一种博弈的方式——"看看对方说了什么，我再做出相对应的回复"。这种姿态使人们难以轻松自在地分享与畅谈，并且会因为一些分歧和矛盾而迅速站在对立面上。

在某一点上出现了纠纷和矛盾，通常人们会出现这样的反应：

既然你误会了我，我也只好把你往坏处想；

既然你大发脾气，那么就不要指望我会给你好脸色；

既然你不听我说些什么，那么我也不会听从你的观点；

我觉得你欺骗了我，所以我也有必要欺骗你。

相比自己做了什么，我们更加在意别人做了什么；相比自己将要说些什么，我们更加在意对方说了些什么。

正因为如此，针锋相对成了多数人寻求自我保护的最佳方式。然而，这是一种不礼貌的交流方式，并不是一种有效的畅谈和分享模式，矛盾双方的强势回应往往会导致事态变得更加糟糕。

在西方社会，企业老板和工会组织常常会因为利益问题发生激烈的冲突。当老板在工资和福利上采取更加严格的制度时，工会通常会针对性地提出一些反制措施，比如，消极怠工，并时不时地向外界媒体进行控诉。一旦老板觉得自己的权威受到了威胁，可能会开除员工中的意见领袖，而此时，员工很可能会就此打砸设备，甚至组织大罢工之类的活动。随着矛盾的加深，公司生产出现停滞，甚至直接导致破产。然而，破产对于工会同样没有任何好处，多数工人将会失业，很多家庭也可能会就此濒临崩溃。

尽管大家都知道这样的结果不可接受，但在矛盾开始之时，由于双方都缺乏合理有效的沟通方式，导致彼此都被各种激烈的言辞所左右，从而直接走向对抗。这种对抗几乎成为西方资本主义制度下的一个死结。其实，只要有一方适度地改变自己的策略，整个针锋相对的局面就会被改变，可最终往往没有人愿意做出让步。所有人都容易陷入这种恶性循环的对抗，因为情绪主导了一切。

不得不承认，"你要是这样，我就会那样"的心理模式非常普遍，一个人的行为、话语常常受到感情的支配，但自己对此一无所知。在不知不觉的自我表达中，我们已经被不安、恐惧、沮丧、愤怒等情绪控制了。此外，对于对方的情绪，我们更是知之甚少，我们并没有意识到对方的情绪可能正在恶化。直到这种对抗持续一段时间之后，随着双方情绪进一步失控和言语上的过激表现，情况变得越来越糟。

真正解开这个死结的方法就是跳出这种循环。我们必须习惯性地屏蔽对方说了些什么，或者尽量约束自己不被他人的言论所左右，让对方在谈话中觉得舒服，不会在矛盾冲突的影响下失控。

﹤四项要点﹥

（1）打好"预防针"

如果担心自己的言论会引起他人激烈的反抗，那么最好的方式就是在谈话之前先通知对方"如果你对这场谈话有什么不同的看法和想法，可以直接告诉我"，或者说"我也许会在谈话中有一些冒犯你的地方，希望你能够谅解"。这样的话通常可以有效做好预防，避免对方受到太大的刺激而表现得针锋相对。

（2）及时解释

当你第一句话引起别人激烈的回应时，你要做的不是继续加强自己的语气，而是立即积极地做出妥协的回应："对不起，刚才我的话可能并不那么得体，事实上这只是我个人的观点，我想我们最终是可以达成共识的。"或者也可以解释：

"我的想法并不一定就是正确的，请你多多包涵。"类似的回应通常带有一些自谦的成分，可以有效缓解对方的情绪波动，从而避免事态升级。

（3）给对方更多解释的机会

如果对方变得情绪激动，甚至表现出拒不合作的态度，那么你要做的就是克制自己，然后告诉对方："如果你有什么更好的观点，可以及时提出来，我们坐下来好好谈一谈。"这样就能够防止彼此之间的情绪突破临界点。

（4）尊重对方的感受

纵容针锋相对的事态发展下去，只会让双方的关系变得越来越糟。如果没有人适时终止这一切，那么所有针对性的言论最终往往会变成人身攻击。为了将事件控制在一个方便解决的范畴内，我们必须做出一个更正面的表态："我能够理解你的想法，事实上，我也经常这么做，当然，我们并不是来斗气或者泄私愤的。"在这样的情形下，对方的情绪很难出现更大的波动，而接下来，解决矛盾的主动权就会逐渐回到我们手中。

需要注意的是，很多人会习惯性地认为针锋相对是辩论的最佳方式，也是证明自身实力的一种表现，但这种做法也有可能会让整个所谓的辩论彻底失控。因此，我们必须走出这种误区。良好的沟通并不是讲究对抗和相互找碴儿，而是一种积极的互动，是相互理解和包容。

❹ 保持镇定才能把握先机

2014年，美国一家家电制造公司和瑞士一家电子产品制造公司准备开展合作，双方在纽约大饭店进行了谈判。当时，美国的家电公司准备从瑞士的制造公司进口一大批电子元件，在谈判的过程中，瑞士公司的负责人和团队多次提出提高价格的要求，但都被美国公司否决了。

看到美方的态度比较强硬，瑞士公司的负责人有些焦虑，说出一句狠话："我们这一次来到纽约，是带着诚意来的，但如果没有合适的价格，我们将会立即返回瑞士。"

对方的突然表态让美国公司的谈判专家焦虑不安，但是，谈判负责人拉尔森不为所动。在他看来，对方越是表现得不耐烦，说明对方越在乎这次的谈判结果，越是渴望与己方合作，而自己只要不动声色，保持冷静，就可以获得谈判的主动权。

果不其然，十五分钟后，对方的负责人重新回到谈判桌上，无奈地表示愿意接受拉尔森提出的条件。

事实上，拉尔森深知谈判的要领。谈判是一场心理战争，在这场战争中，谁能够保持镇定，能够控制自己的情绪，谁就能够占据谈判的主动权。那些说话最激动、最焦虑的人往往最容易暴露自己的底线，也最容易丧失谈判的优势。

回到生活中，其实也是同样的道理。一个人应该懂得如何去控制自己的情绪，无论遇到什么事情，都要努力保持镇定，否则就有可能会被内心的焦虑不安、恐惧、狂喜、悲伤、愤怒等情绪所控制，做出一些错误的判断和选择。

在绝大多数时候，情绪化的表达是一种不够明智的表现。爱默生说："当一个人开始说一些冲动的话时，这就意味着他将要犯下一些错误。"那些感情冲动的人往往容易说出一些缺乏理性的话来，而这些不经大脑思考的话反过来又会成为他们成功的障碍。

2008年美国总统大选的时候，民主党候选人奥巴马以及共和党候选人约翰·麦凯恩在电视上进行了一场激烈的辩论赛。约翰·麦凯恩是一个非常出色的政治家，他的人生履历也非常丰富，他曾在部队任职，后来成为亚利桑那州资深联邦参议员，因此他对美国政治非常了解。奥巴马的政治背景并不那么显赫，但是他拥有更好的演说技巧。

在电视辩论赛上，一贯温和的麦凯恩显得咄咄逼人，他说的每一句话都具有很强的攻击性，但是细心的人发现他的话混乱无序，显示出一种焦虑和盲目，因此杀伤力有限。同时，由于过度急躁，情绪失控，他的很多话都是漏洞百出，给对手留下了很大的把柄。相反，奥巴马始终保持镇定，说话非常得体，很少说一些情绪性的话，也很少在话语中表现出过于激动的情绪，尽管他拥有煽动情绪的能力，却拒绝感情用事。结果，奥巴马以沉稳、理性的风格压制了麦凯恩的焦虑和激进，最终获得了总统的职位。

做人要懂得适时隐藏自己的情感，而这种隐藏首先就要从个人的"嘴巴"入手。说话是表达情绪最直接的一种方式，说话者往往会受到情绪的影响。这种影响会决定说话的质量，也会表现出说话者的素养和思维能力。有的人喜欢进行情绪化的表达，喜欢将自己的喜怒哀乐完全展示出来，但是在一些竞争场合，这些情感流露无疑会成为对手窥探我们内心想法的一个渠道，给对手可乘之机。

著名的心理学家荣格曾经说过："**情感是我们最重要但也是最脆弱的一部分，它的脆弱还会暴露出更大的缺点和不足。**"

一旦情感无法得到有效的控制，就可能会产生一些不良的连锁反应。因此，讲话的人还是要保持镇定，无论面对什么样的情况，遭受何种压力，都要注意控制自己的情感。

﹤三项要点﹥

镇定是一个人自制力的体现，也是说话中的一个重要技巧，那么该如何保持镇定呢？最重要的还是要注意一些说话的细节：

（1）适当压低声音

心理学家认为，声调和情绪有紧密的联系。低沉的声音听起来会更加稳重、淡定，而一旦声音太大、声调太高，就容易诱发内心的情绪。那些讲话声音很大的人，往往更容易越说越激动。

（2）保持正常的语速

对于说话的人来说，不正常的语速往往会显示出其内心的不安。因此，那些内心焦虑的人应该防止语速过快或过慢，通过把握正常说话的节奏，来掩饰自己的情感，并且提升对情绪的控制力。

（3）尽量确保句子更加简单

很多人之所以越说越激动，越说越煽情，就是因为话说得太多，修饰性的句子太多。一般情况下，越简单的句子越容易表达出个人坦然的心境。话太多且太复杂，不仅容易说错，而且容易"说"出更多的感情。

5

你的敏感会让别人不知所措

最近，一份来自欧洲的调查报告表明，我们的社会关系正在变得越来越脆弱。在调查报告中人们发现，超过50%以上的受访者都表示自己并不信任周围的陌生人，有超过75%的受访者认为有朋友或者同事可能背叛了自己。如果将这份报告进行压缩，那么核心内容可能只有两个字：敏感。由于人际交往的频率越来越高，人们更容易对周围的人和事产生怀疑，因为别人无意中的一句话而浮想联翩，因为一些无关痛痒的小事而随意发作，造成人际关系紧张。

例如，妻子发现丈夫最近很晚回家，就大声斥责对方有外遇；看见别人正对着自己指指点点，就怀疑对方在说自己的坏话；当别人在大会上否定我们的想法时，就误认为对方对自己有意见。这些显然都是过度敏感的表现。除非我们真正把握住相关证据，否则就没有必要做一些不切实际的猜疑。

为什么我们更容易捕风捉影？这种敏感的态度往往源于个人的不自信，换言之，人们总是过度在意别人的看法，担心他人忽略自己的优点，发现自己的缺点。当妻子觉得自己缺乏魅力的时候，就可能会没头没脑地对丈夫说"你为什么要背叛我"；当我们对自己的观点不够自信时，就会对批评者提出质疑"你不过是想趁这个机会表达对我的不满罢了"。由于缺乏足够的自信心，当他人的言行出现异常时，我们会本能地将其联系到自己不擅长或者害怕的事情上去。

另外，敏感的人通常比较内敛，与周围的人缺乏足够的交流互动，所以总是会觉得身边的人处处针对自己，而自己根本就不受欢迎。这样一来，一旦有人行为异常或者言语有异，他们就会自然而然地觉得对方在嘲讽自己。

从心理学的角度来看，敏感的人思维比较活跃，并且创造能力非常强，但是在人际关系方面，过度敏感会成为日常交流的一大障碍，造成一些不必要的纠纷和麻烦。为了解决此类纠纷，首先要解决的就是日常的沟通问题，敏感的人需要积累更多的沟通经验，在沟通中经历更多的历练。

事实上，很多自闭症患者或者过分敏感的人，往往缺乏交流机会，甚至害怕与人交流，这会进一步导致敏感度的加重。为了缓解症状，他们必须主动与人沟通，比如，主动和新同事打招呼，主动向朋友问好，主动融入他人的生活和工作圈，这样就可以更多地了解周边的人，了解自己所面对的环境。

如果想改变敏感的特性，就需要在日常交流中保持钝感，作家渡边淳一在《钝感力》一书中对钝感力做过这样的解释："所谓'钝感力'，即'迟钝之力'，亦即从容面对生活中的挫折伤痛，而不要过分敏感。当今社会是一个压力社会，磕磕绊绊的爱情、如坐针毡的职场、暗流涌动的人际关系，种种压力像有病毒的血液一样逐渐侵蚀人的健康。钝感力就是人生的润滑剂、沉重现实的千斤顶：具备不为小事动摇的钝感力，灵活和敏锐才会成为真正的才能，让人大展拳脚，变成真正的赢家。"

Facebook（脸谱网）的创始人扎克伯格讲过一件有趣的

事情。有一次，一位负责运营的主管向扎克伯格请假，因为他当天要陪同孩子去迪士尼乐园玩耍。扎克伯格回答他说："是吗，看来我还是给你请一个长假好了。"这个主管离开公司后，越想越不对，总是觉得扎克伯格话中有话，他意识到对方可能已经开除了自己。所以第二天，他没有去公司上班，而是在自己的Facebook账号上说了这样一段话："昨天，我可能因为一个假期而被开除了。"

这条信息迅速发酵，很多人都开始批评扎克伯格冷血无情，榨取员工的劳动力，但扎克伯格对此一头雾水，他根本就没有开除过任何人，只好站出来澄清自己说那番话完全是出于一番好意。这个时候，这位主管才意识到自己因为过于敏感而错误地解读了老板的话，最终登报道歉。可是由于他的话对扎克伯格本人以及公司的形象造成了不良影响，公司最终还是决定开除他。

在生活和工作中，类似这个主管的遭遇有很多，多数人可能会过度解读他人的批评或者指责，反反复复琢磨别人的话，最终不过是徒增自己的思想负担。其实，很多时候，我们完全可以表现得迟钝一些，将问题看得简单一些。当别人嘲笑我们时，可以回应说"对不起，你刚才说了什么"；当听到外面的风言风语时，可以告诉自己"这对我并没有实际的

损害"；当别人大发脾气时，可以自我慰藉"没什么，我还听
过更难听的话"。这些都是保持钝感的方式，能够有效确保自
己不会被激怒，避免产生不必要的猜疑。

　　其实，无论是主动进行沟通还是保持钝感，关键在于保
持一个客观理性的交际态度，在处理他人言行、表情传达出
来的信息时，我们应该尽可能客观全面地进行分析，了解对
方所说的话背后有什么深意，了解对方的行为具有何种倾向，
了解对方所作所为的本意是为了什么，而不是直接冲动地将
自己的猜疑当成结论。

⑥ 反对他人并不意味着拒绝沟通

在沟通过程中，有时因为意见分歧过大，双方会出现相互排斥的情况。这些排斥传递着同样的意思：我是正确的，而你的话毫无道理；我们之间没有什么好谈的了。多数时候，因为意气用事，我们很容易将分歧推向绝交的境地，一旦双方无法就某个问题达成共识，就会将对方当作敌人，而在主观上断绝继续沟通的意愿。

例如，两个企业家有意向合作，第一个喜欢投资房地产，另一个看重的是投资实业。第一个人会说："房地产利润最大，回报率最高。"第二个人可能会加以反驳："房地产泡沫太大，而实业才是长久之计。"由于分歧太大，彼此之间相互反对，最终可能导致合作意愿破裂，双方一拍两散。

当生产商和客户进行谈判时，同样会出现这类情况。生产商的目的是将产品价格提高一个百分点，而客户则希望降低一个百分点，这种分歧会让双方感到不愉快，一旦某一方说"既然我们没有办法达成一致，干脆取消合作吧！"，双方就可能会真的放弃继续谈判的机会。

在面对分歧的时候，多数人仍旧狭隘、偏执地认为"我反对他，他就是我的敌人，因此我们没有必要多做沟通"，然而，反对和继续沟通其实并不矛盾。《圣经》中说"要爱你的敌人"，这种爱并不是赞同的意思，而是一种倾听。换句话说，我们不应该因为对方是敌人或对手，就主动与其划清界限，关闭交流沟通的所有渠道。拒绝沟通只是一种软弱的做法。

反对或者排斥他人很容易，但是拒绝沟通则显得过于冲动和鲁莽，对于问题的最终解决几乎毫无益处。就像一个学会抽烟的孩子，父亲在教育他时如果明确提出自己的观点——"如果你继续抽烟，那我将不再提供任何经济上的帮助"，孩子可能会因为叛逆而对父亲的冷漠进行报复。如果父亲愿意换一种方式——"儿子，我在你这么大的时候也常常偷偷地抽烟，这并不丢人，但之后我很后悔。现在，我不清楚你是因为什么才抽烟，我也不太赞同这种行为，但我仍旧想听听你的理由"，这样一来，因为父亲主动做出沟通姿态，儿子反而会积极回应，坦然说出自己的心里话，或者渐渐意识到自己的错误。

在面对分歧时，我们有时会依据形势变化来强化自己的立场——"我没有必要接受对方的观点""我不认为对方说得对""对方的行为不值得赞赏，也不可接受"。但是不管怎样，必要的沟通还是应该存在的，我们需要打通沟通的渠道，继续倾听对方的意愿，并尽可能地考虑他人的想法和潜在的利益。

＜三项要点＞

（1）改变先入为主造成的成见

在美国，黑人区通常是枪杀、抢劫、贩毒等黑帮活动最活跃的地方，所以美国白人对于黑人的印象不太好。这种先入为主的思维会使他们忽视黑人的一些优点，并将他们当成受教育程度不高、喜欢从事非法活动的一个群体。一旦双方在某种紧张的环境下相遇，白人警察就会将黑人青年定位成危险分子或者潜在的危险分子，这就是警察枪击黑人事件频发的原因。如果警察愿意进行沟通，而不是主观进行臆测、直接拔枪相向，那么很多悲剧就可以避免。

及时的沟通永远是有必要的。我们应该放下成见，用最客观的态度去交流，去理解别人的想法，这样就可以让双方的对立情绪得到缓和，找到更多和解的机会。

（2）尊重他人的个性

在对立甚至是针锋相对的两个个体之间，人们通常更看重的是自己一方观点的合理性，而将对方的观点当成不入流的歪门邪道，这种排斥和贬低会让双方的沟通陷入困境。为了保持双方的沟通，任何一方在坚持自己观点的同时，都不能肆意贬低对方。换句话说，我们不一定要赞同别人，但是至少应该给予别人观点最起码的尊重，给予对方表达个性的机会。"我想听你说一说""你当然也可以表达出自己的看法"，这些话往往才是双方能够认真坐下来沟通的基础。

（3）避免"有你没我"的表态

在处理分歧的时候，最糟糕的情况往往是一方表态"这就是我的观点，你不同意就拉倒，我们没什么可谈的"，或者"我是无论如何也不会认可你的观点的，一点商量的余地都没有""有我没你，有你没我"，这样的话往往会让双方处于一种最极端的对立状态，将沟通、协调的道路彻底堵死。因此，为了避免事态进一步升级，矛盾双方必须尽量避免陷入完全对立的局面。

总而言之，在沟通中，无论面对多大的分歧，都不要轻易让矛盾失控，不要轻易撤销分歧的对话机制，而应该尽可能地表现出"我们的观点虽然不同，但我想要和你达成一致"的意愿。让对方感受到你在言语中表达出的尊重以及为此做出的各种努力，这有助于缓解双方之间的分歧。

7

批评伤感情，赞美暖人心

成功学导师拿破仑·希尔早年丧母，由父亲一手带大。由于缺少母亲的关爱和管教，他变得很调皮，常常搞破坏。父亲对他非常失望，邻居们也很讨厌他，都觉得他以后肯定是一个不学无术的人。在大家的批评声中，拿破仑越来越丧气，经常刻意去做一些坏事来刺激别人的神经。

有一天，父亲再婚了，他对继母说："这就是拿破仑，希尔兄弟中最坏的一个。"对于父亲的批评，拿破仑早就习以为常。他以为，这个女人会像家庭中的其他成员一样嘲笑、冷落自己，将自己看成一个坏蛋。出人意料的是，继母对他父亲说：

"这是最坏的孩子吗？完全不是。他恰好是

这些孩子中最伶俐的一个。而他所做的一切，无非是把他所具有的伶俐品质发挥出来。"

在那之后，继母对拿破仑总是采取包容的态度，一方面积极引导他改掉自己的缺点，另一方面大力表扬他身上的一些优点。比如，她认为拿破仑十分聪明，不妨多读一点书。在继母的赞美和引导下，拿破仑开始发奋读书，最终获得了巨大的成就。

我的祖母经常说："一句话可以说乐一个人，也可以惹恼一个人；一句话可以说成一件事，也可以搞砸一件事。"关键在于你怎么去说，怎样才能让别人更容易接受。这取决于我们的态度。

赞美和批评都是生活中常见的表达方式。生活中需要批评，但是我们必须认识到一点：没有人喜欢批评。在激励方面，赞美远比批评更有力量。每一个人从本质上来说，都是渴望受到欢迎和认可的，赞美就意味着一种认可，从而为相互之间的沟通创造了更好的条件。这也就不难解释，为什么老师对学生说"你做得很棒，你还可以做得更好"要比"你做得可真差劲，我是怎么和你说的"更加有效果。通过赞美，老师可以赢得学生的信任和尊重，从而对学生进行循循善诱的指导。

批评和赞美的不同，关键在于我们从哪一个角度去判断一个人的价值。比如，某些人身上的优点和缺点可能一样明显，如果只看到其缺点，就必定会给予批评；如果善于抓住其优点，予以正面、积极的引导，就会使人感到愉悦。那些喜欢赞美别人的人往往懂得从别人的身上发现一些值得肯定的价值。

我的母亲是非常不错的家庭厨师，但她做的馅饼并不总是让人满意。她能够做出非常好的馅料，只是馅饼的外形不怎么美观。事实上，馅饼的形状不好并不会影响馅饼的味道，可是我们经常挑剔它的外形。父亲很少像我们这样，每一次他都认为那是他吃过的最好的馅饼，正因如此，他永远不会像我们这些孩子一样让母亲感到苦恼。

当我们总是批评别人某些方面做得不好时，对方未必会按照我们所期望的那样去做，也未必愿意倾听我们的意见，双方的交流很容易陷入困境。我们没有意识到，自己的批评和抱怨会进一步挫伤母亲的积极性，而父亲的明智之处就在于，通过某种认可，母亲会更愿意去完善她的厨艺。

❮四项要点❯

当然，赞美他人并不总会起到良好的效果，一些无原则、无技巧的赞美往往容易弄巧成拙。在把握赞美这个大方向后，我们还需要有原则地推进这项工作。

（1）态度真诚

我们可以把话说得非常动听，但是说这些好话是否真的做到了心口如一？无论如何，真诚的态度是确保赞美被人接受的第一要素，说话时的眼神、表情、语气、语调，都能够体现出一个人是否真诚、这些赞美的话是否真的发自其肺腑。

（2）言之有物

很多人都习惯恭维一句"你很棒"，这往往显得太过笼统。他到底有什么长处、到底在哪一方面做出了成绩，也许你一无所知。就像你经常竖起大拇指说"你的厨艺可真棒"，但事实上对方可能连厨具也没有拿起过。归根结底，赞美不是一个空洞的表现形式，如果想要给别人一点认可，也许下一次的赞美应该更加具体。

（3）符合实际

赞美的话必须立足于现实，必须和受众的能力、条件、具体表现相应，不能盲目给他人戴高帽，赞美一些他人根本做不到也没有做到过的事情。

（4）把握时机

赞美也是有期限的，它具有一定的时效性。当别人做了一件很出色的工作时，我们应该立即给予赞美，这个时候的赞美往往能够打动人心。如果等这件事快被人遗忘了才想起来赞美几句，效果无疑会大打折扣，而且会留下"事后讨好别人"的嫌疑。

第四章

少说的艺术和不说的秘密

1

再多的机会也不会留给一个话痨

现如今，越来越多的人开始关注环境污染，环境污染不仅仅包括大气污染、水污染、光污染，还包括声音污染。声音污染通常指的是噪声污染。不过，在日常的社交活动中，不当的说话方式同样会产生污染，比如，说脏话会带来精神上的污染，而话痨则会产生听觉上的污染。

如果对周围的人进行调查，就会发现多数人都不太喜欢话痨。尽管有些人只是希望通过更多的表达来增强自己的存在感，但是过度表达的确不是一个受人欢迎的方式：

（1）影响他人的工作和休息

在忙碌之余，与人聊天可以有效缓解工作压

力和疲劳。但是，如果某人一直说个不停，就可能影响他人的工作。同理，长时间的谈话会压缩和剥夺对方的休息时间，引起负面效果，他人会对你的话痨表现产生反感情绪。多数人并不排斥挪出一点私人的时间和别人进行愉快的交流，但是如果让他们牺牲工作或者休息的时间来充当听众，显然会让人感到为难。

（2）强制灌输他人不喜欢的话题

当你看完一部文艺片后问其他人有没有看过这部电影时，如果对方不喜欢文艺片，很可能会感到尴尬，他们会善意地摇摇头，想尽快结束这个毫无兴趣点的话题。但是，对于那些话痨来说，不管其他人是否对这些话题感兴趣，他们都会不厌其烦地对别人讲解电影的剧情、整部电影获得了什么好评或者奖项，或许他们还乐于亲自做一番点评，告诉他人自己对电影的看法。这样无休止的叨扰，无疑会让他人感到崩溃。

倾听者或许不会直接让对方闭嘴，但是，这一次交谈留下的阴影可能会让他们以后对这样的话痨避之不及。

（3）抢走了别人的话语权

沟通和交流永远是一个双向的行为，每个人在痛痛快快表达自我的同时，也需要倾听他人的想法，给予他人表达的权利和机会。但是对于话痨来说，他们总有说不完的话，而且总喜欢抢在别人前面说话；一旦牢牢把握住了话语权，他们通常不会轻易放弃。因此，常见的情况是，某些人一整个下午都在聊自己的观点和想法，聊自己的家庭和工作，其他人可能连半句嘴也插不上。

问题在于，通常情况下，很少有人会意识到自己是话痨，当他们喋喋不休地唠叨各种琐事之后，才会意识到"天色已晚"，才会觉得时间过得真快。这一切似乎都出于他们的本能，没有任何刻意的成分，但对于倾听的人来说，这样的沟通可能会让人感到压抑和尴尬，他们都希望快点结束这次谈话。

〈 三项要点 〉

从某种意义上来说，话痨源于一种习惯，因此，想要做出改变，首先要懂得改变自己的说话习惯。

（1）在日常交际中，要注意提取重点的内容来说

如果一天中一个人所做的最重要的一件事情是陪孩子过

生日，那么在和其他人聊天的时候，重点就说一说孩子的生日以及孩子的学习情况，而不要漫无目的地谈论自己今天和谁见了面，看了什么电视节目，吃了什么食物，或者去了什么地方。当柴米油盐酱醋茶一股脑儿地被当作谈资时，所有的谈话就失去了重点，自然也就难以引起他人的兴趣，反而会因为过于烦冗而招致他人的反感或排斥。

（2）尽量长话短说，避免无休止的长篇大论

有些人并没有意识到精简句子的重要性和必要性，他们误以为说得越多就越有说服力。例如，从传播信息的角度来说，"我昨天开了一段颠簸的山路，车子坏了"这句话就很简单明了，完全可以准确传递所要表达的信息。如果换成"昨天，我开着车子出去，路过一段山路，这段路可真不好走，到处都是坑坑洼洼，这里一个坑，那里一个洞。不知道你去过那条路没有，简直没法走。对了，路上还有很多石头和玻璃，你看看我的车子全都刮坏了，车轮子也给扎坏了，真是的，早知道会这样，我就不走那条道了"，整段话就显得非常啰唆，一点也不干脆和清爽，别人通常没有什么兴趣浪费时间听下去。

（3）不要总是牢牢掌控话语权

很多人在聊完一个重要话题后，不等别人开口，就会迅速挑起第二个。接下来还有第三个、第四个……他们根本不会轻易让出话语权，反而不断提醒别人"我还有一件事""你们听我说""接下来，我给你们说另外一件事"。尽管没人规定每个人只能讲一句话或者说一件事，但是交流和沟通本身就是双方都有表达的机会，单纯一个人讲，这并不是真正的沟通。

除了有必要纠正谈话习惯外，话痨还需要进行自我反省，想清楚自己属于哪一种类型的话痨：是心里藏不了话，不吐不快型；还是喜欢卖弄口才和贫嘴的幽默型；或者是缺乏自信，多说一句更加踏实的自卑型；又或者是被人孤立，过分寻求存在感型。认清自己的类型，将有助于更好地改掉自身的缺点。

②

如果不了解，请闭嘴！

有一次，我与几位经济学教授一起出席一个晚会。在会议结束之后，几位教授坐在一起谈论最近的股市情况，见到他们聊得很有兴致，我就坐了过去，无意中插了一句嘴："中国的股市总是给股民摆臭脸，我看用不了多久就会出现大问题。"

当时有个经济学教授认真地问我：

"你最近炒股了吗？"

"没有，我基本上很少炒股。"

"那你对股市非常有研究？"

"不是，我只是——"

"既然如此，我还是希望你不要对这类问题发表一些毫无意义的观点。"

面对对方的这番讥讽，我当时很生气，同时又觉得羞愧不已。在回家的路上，我始终在反复琢磨教授那略显轻蔑的话。冷静下来之后，我才发现自己是自作自受。对方是专业人士，显然对股市的问题更有发言权，而我作为一个门外汉，几乎什么都不懂，在他们面前发表拙劣的看法，这本身就是一种不尊重。

这件事给了我一个很大的警示，让我在以后的谈话中都谨守一个原则：绝对不谈论自己不了解的东西。尽管这很难做到。

通常情况下，人们并不会将自己稍微有过接触的东西看成是陌生的。如果有人问我们是否认识某个人，我们会回答说："当然，我们过去经常在一起打球。"我们会认为，一起吃饭或者一起打球，或者彼此之间进行了几次交谈，就是一种相互熟识的证明，但实际上，我们对于对方的家庭环境、性格、兴趣爱好、能力可能一无所知。

在其他方面，我们同样自以为是。阅读了几篇小说，我们就说对鲁迅有所了解；听了几次经济学的课程，就自认为对股市略知一二；做了一两次简单的市场调查，就觉得自己已经大致掌握了市场规律；从他人那里得知某些信息，就敢于用作自己谈话的论据。为了不让自己看起来像个一无所知的傻瓜，我们只好拼命掩饰自己、伪装自己，以至于我们都没有意识到，在很多未知的领域，自己胡乱搭腔是多么愚蠢。

将自己的阅历、经验当成某一种知识或者真理，完全是错误的。这种错误通常会影响我们在日常交际中的形象——是夸夸其谈的骗子，还是一个自以为是的傻瓜？有时候，我们的谈话可能会误导他人。例如，对方可能会因为你的"指点"购买一点房产，购买一只股票，或者下定某个重要的决心。一旦出现问题，这通常会带来很严重的信任危机。

没有人可以成为万事通。每个人都会有一些不擅长的东西，无知并不是一种罪过，相反，承认自己在某一领域的无知远比装腔作势地自我掩饰要好得多。所以，如果某人对技术方面只是稍微懂一点，那么他就应该这样告诉老板"我能够解决一些小问题，但是对过于复杂的技术问题，我可能就无能为力了"；如果某人正和朋友聊一些特别专业的话题，那我们就不要轻易搭话。

说话要慎之又慎，尽量避免不懂装懂，以免让双方都感到尴尬。当一个新话题展开的时候，我们必须对此做出正确的预判：

我是否接触过这些话题？

对方的话中表达了什么意思？自己是否能够听明白？

当对方的谈话越来越专业时，我是否还要继续搭腔？

自己所说的话会不会产生一些误导？

通过判断，我们可以清楚地了解自己是否适合说这些话，是否需要保持必要的沉默和谦卑，从而避免在谈话中出现一些不可控的错误。

除此之外，不要将谈话当成一件很随意的事情来对待，我们的谈话往往会对周围的人和事造成影响。因此，平时遇到一些没有把握的话题时，我们需要遵守一些基本的谈话原则：

不了解的不要说；

不甚了解的，不要多说；

在更加专业的人面前，尽量少说；

没有把握说好，尽量不说。

每个人都必须对自己的言行负责，必须正确估量自己要说的话是不是正确、有没有价值、会不会对其他人产生不良影响，胡乱说话只会让自己看起来更加可笑和无知。

❸ 当谣言来临时，要逃得比谁都要快

　　某一类食品有毒，不能食用，希望大家集体抵制；最近开始出现人贩子倒卖孩子器官的情况，家长要提高警惕；某人被传出婚外情；某明星突传死讯；某人在电视节目中发表卖国言论；某个地方准备修地铁，房价必定要大涨；某个地方大水冲垮了河堤，淹死了很多人……

　　在信息和传媒技术高度发达的今天，我们几乎每一天都活在各种不实的谣言中，多数人直接或间接地成了谣言的受害者。很多时候，我们轻信谣言，且不自觉地就成了谣言的传播者。我们不加论证，就在微信、微博中将那些虚假的消息传播出去，因为谣言通常更能够吸引我们的关注，而且不乏说服力。

我们愿意相信群体的声音，但在多数时候，群体恰恰是盲目的。大家都关心食品问题，关心孩子的安全，就容易被相关的新闻所吸引；大家对明星非常关注，一旦发现异常的情况，就一窝蜂似的进行传播；同样，叛国是一个社会性的敏感话题，一旦出现类似的新闻，大家便容易被理智冲昏头脑，相信有人真的说了"我不喜欢这个国家"之类的话。

这种盲目性往往被造谣者所利用。很显然，谣言的出现通常有很强的目的性。一般情况下，突然传出某个地方要建造机场和地铁时，通常是开发商准备炒高自己的房价，或者促进房屋的销售；当公司里传出某个员工和老板有地下情的时候，肯定有竞争对手希望排挤这个员工；当某个人被传出各种不实的卖国言论时，肯定是有人想要抹黑他的形象。

如果对谣言进行分析，就会发现一切根源在于利益诉求。造谣者往往具有很强的功利性，比如，为了打压对手、为了报复他人，或者有可能是为了让自己的微信和微博博取更高的关注度。无论出于何种动机和目的，谣言都会对整个舆论造成引导，对人际关系中的尊重和信任造成伤害。因此，无论如何都不能造谣，也不能充当谣言的传播工具，尽量做到明哲保身。即便谣言针对的是自己，也没有必要大动干戈，自乱阵脚。

　　另外，造谣者往往会背负法律上、道德上的责任，还可能被卷入谣言之中，成为谣言的牺牲品。比如，有些人喜欢在办公室里嚼舌头，在背后说人坏话，最后，他们往往会被当作真正的蛀虫和害群之马被清理出去。因此，远离谣言绝对是一个明智之举。

　　维系整个人际关系网络的是信任，家人、朋友、同学、同事、领导，我们身边的所有人都是出于信任才愿意和我们建立亲密的关系，与我们交流、沟通。如果我们每次见面时都神神秘秘地说"你知道吗？她最近……"，或者绘声绘色地描述自己听来的一些"令人惊讶"的小道消息，对方可能会觉得我们缺乏明辨是非的能力，缺乏最基本的道德素养。

　　美国凯迪拉克汽车公司的米德诺先生来中国参加某次商业活动时，和我谈起了他经历的一件事。1998年，米德诺先生还是硅谷一家公司的主管。有一次，他在出差时乘坐的飞机上听说微软公司将要收购自己的公司，于是迫不及待地飞回公司，并向员工们传达了这一消息。结果老板知道这件事后，大为光火，因为他并没有听说过这件事，微软公司也并没有就此事和他有过什么谈判。

很显然，米德诺先生犯了一个大忌。由于谣言传播得很快，员工们开始消极怠工，而公司的股东更是抱怨连连，公司的股价在几天之内就下跌了10个百分点。尽管米德诺先生并不是造谣的人，但公司最终还是生气地拿他开刀，将他开除了。

我们不能说米德诺是替罪羊，他在谣言的传播过程中的确起到了推波助澜的作用，这同样是不被允许的。试想一下，如果这一切发生在我们的公司里，老板会如何看待造谣者或谣言传播者？

因此，在日常生活中尽量远离谣言。我们要避免成为造谣者，也要尽量在谣言到来时保持冷静与客观。这需要我们做到以下几点：

这个消息是否得到了证实？如果没有得到证实，就不要去传播；

当谣言指向自己时，不要妄图去解释什么，破除谣言的最佳工具就是时间，因此，我们要做的就是等待并保持沉默；

认真倾听和理解别人的话，不要捕风捉影、断章取义；

不要和那些散播谣言的人待在一起，更不要与之沟通，

以免不经意间被当作传播者。

谣言止于智者，一个聪明人绝对不会轻易相信谣言，也不会对谣言多做什么回应。因为他们明白一个道理，在谣言面前，什么也不说往往才是最安全的。

4

在背后说别人的坏话是对自己最大的侮辱

从我们懂事开始，父母长辈就会教育我们不要在背后说别人的坏话。很多时候，我们会觉得这是一个道德问题，因为背后伤人并不光彩。但是随着年龄的增长，我们发现，说别人的坏话变成了一个策略问题，即当面批评别人还是在背后说三道四，哪一个会更加安全。

出于这种考虑，我们可能会选择更为安全保守的做法：背后说人坏话。因为从人际交往的角度来说，当面批评他人，无异于直接与对方撕破脸皮，这样显然会引发激烈的冲突；相比之下，私底下在朋友面前进行抱怨，或者添油加醋一番，会免于直接发生冲突，这样双方也不至于太过尴尬。

但事实上，情况可能并非如此，背后说人坏话可能会产生更坏的影响：

（1）你的话很容易传到对方的耳朵里

社会学家认为每一个人都活在六度空间里，所谓六度空间指的是人与人之间的社会关系距离不超过6个人，即便是最陌生的两个人，他们之间的关系距离也在6个人之内。你所见到的那个陌生人，可能是你某个亲戚的朋友，也可能是你同学的亲戚的朋友，或者是你同事的弟弟的同学的朋友。正因为人与人之间的距离不超过6个人，我们所说的那些话很可能通过自己身边的人或者身边人的同事朋友一点点传播出去，最终传入被谈论者的耳中。

在某次宴会上，一家网络公司的老总与人闲谈，说起谷歌公司的CEO拉里·佩奇缺乏诚信，而且野心很大，结果这番话一传十、十传百，传到了拉里·佩奇的耳中。后来，为了挽救日渐萎缩的市场，这家公司准备和谷歌公司合作。在两家公司初次的谈判中，拉里·佩奇重复了当初听到的那些"坏话"，然后非常直接地否决了这一次的合作。那位老总最终为自己当初的话付出了沉重的代价。

（2）你的坏话可能会被不断放大和扭曲

当你和朋友 A 说"张三上次聚餐时并没有掏钱"，这句话可能会被传到朋友 B 那儿，并演变成"张三是个自私小气的人，几乎从来不请客吃饭"；接下来，C 会从 B 那儿听到这样的话，"张三真不是男人，外出吃饭都让别人花钱"……当信息在一层又一层的通道中传播时，原本的意思往往会发生变化，传播者会在其中加入一些自己的观点，或者断章取义，最终使一句普通的坏话变得越来越伤人。

坏话无论是被被说方听到，还是被人扭曲放大，其根本原因在于坏话比好话传播得更快，或者说人们对于负面的东西会更加关注。正是因为如此，我们所谓的秘密言论才不再成为秘密。经过快速传播和放大后的言论，实际上对受害者造成的伤害会更大，这比直接发生正面交锋还危险。

无论怎样，背后伤人都是一种不光彩的行为，于人于己都很不利。我们可以重新回顾一下发生在微软公司创始人之一保罗·艾伦身上的那些事。2000 年 11 月，艾伦正式离开微软的董事会，作为比尔·盖茨的最佳拍档，他为什么会离开微软公司？原因就在于他早年间无意中听到了盖茨和鲍尔默的谈话。当时，盖茨和艾伦之间有一些小分歧，但是盖茨并没有在明面上讲这些问题，而是私底下和鲍尔默商量如何排挤艾伦，并试图稀释他在公司内部的股份。对此，艾伦几乎一无所知，直到那天早上他经过盖茨办公室时听到那些让他心碎的谈话。

后来，艾伦在自己的新书中披露了这些内幕。盖茨因为背后伤人的行为而成为舆论口诛笔伐的焦点，这也成了他一生中最大的污点之一。

很多时候，我们可能犯着和比尔·盖茨同样的错误。我们并未意识到自己背后伤人的话会对他人、对自己造成重大的伤害。更重要的是，即便我们的抱怨和坏话真实可靠，也可能会因为产生不良的影响，而遭到别人的唾弃和厌恶，对个人的形象造成很大的破坏。

因此，我们需要注意自己的表达方式：

有什么不满，最好当面说出来，如果不方便当面说，可以邀请第三人传话；

在背后评价别人时，一定要公正、客观，不要加上太多主观的想法；

忍不住要在背后批评别人时，最好加上几句赞美的话。

只有使用更加谨慎、稳妥的方式，才能尽量避免自己的批评和抱怨伤害到别人。

5

过多的口头禅就是废话

几乎每一个人都会有自己的口头禅，口头禅能够展示出个人的性格特征和说话方式。口头禅是个人形象的一个标签，是我们在生活和工作环境中形成的一种特定表达方式，往往和我们的性格、职业、生存环境有关。

习惯于服从的军人，常常会下意识地说"是"或者"好的"；老师们的口头禅通常是"耽误大家几分钟""这里我就不多说了"；喜欢辩驳的人常说"那又怎样"；性格温和乐观的人常说"还不错嘛"；年轻人通常会潇洒地说"没什么"；老年人则常说"让我想一想"。不同的群体、性格和生活环境，往往会造就不同的口头禅。

　　"口头禅"一词来源于佛教的禅宗，本意是指不去用心领悟而把一些现成的经验挂在口头，装作很有思想。也就是说，口头禅本身不具备太多的意义，完全是出于一种个人的条件反射或者潜意识的表现。在现代语境中，一些口头禅因为具有特定的含义而成了交流的一种符号，就像年轻人经常说的"就酱"。这两个字更多时候代表了一种追求个性与无厘头的心态，很多年轻人觉得在朋友面前说这样的词可以表达出年轻人特有的精神面貌，但实际上去掉这两个字，并不会对彼此间的交流造成影响，别人并不会因为你没说"就酱"而将你排斥在圈子之外。

　　反过来说，口头禅有可能会成为谈话中的一个累赘。首先，在谈话中，过多的口头禅会使所要表达的句子变得支离破碎，从而破坏话语的节奏感。"我今天上街买东西，我给你说，我撞上了一个碰瓷的，你没看见那个人，真是的，躺在那儿，一动不动，像个死人一样，我给你说，这不是摆明了讹我吗？真是的！"其实这句话完全可以说得更加顺畅："我今天上街买东西，撞上了一个碰瓷的，那人一动不动地在地上装死，明摆着讹诈我。"相比之下，后面这句话明显更加简洁干脆，所表达出来的内容和感情也比较连贯，别人听起来也更加舒服。

在一些正式的场合中，通常不允许出现太多的口头禅，口头禅不仅会破坏节奏，还会对整个谈话的语境造成破坏。毕竟口头禅通常会过于俗语化、口语化，不够严肃，不够官方，在一些演讲稿或者会议报告中加入口头禅，领导们的脸色绝对不会太好看。

我曾经担任公司的面试官，为公司面试一批来自各大高校的研究生。早在笔试的时候，他们就证明了自己的专业素养。因此，公司对面试的要求并不多，只要没有太明显的性格缺陷或者沟通障碍，通常都可以轻松通过面试。

第二天，我将最终通过面试的名单交给了人事部门的主管。对方看到名单后有些诧异，因为最初通过笔试的有35个人，可是在面试之后留下来的只有20个人。对方要求我将面试的录影带给他看一看。

下午，人事部的主管找到我："我看过录影带，那些人在面试中都没有什么太大的问题啊。也许有几个人不合适，但我觉得你可能过于严格了。至少应该有28个人值得留下来。"

我说出了自己的选人标准："在我看来，这些应聘者中大概有一半人存在着严重的口头禅问题，他们的面试表现并不让人满意。"于是，我特意将那些被淘汰的人的录音转化成文字，交给人事部的主管看。在这些谈话中，到处充斥着

"嗯""啊""那个""因为""我觉得""然后"之类的口头禅。有些面试者由于紧张，竟然每说一两句话就夹杂着一句口头禅，导致所说出来的话语境全无，十分无趣。在看过这些文字后，人事部的主管放弃了增加备用名额的打算。

类似的情况在生活中经常遇到。我们在日常交流和沟通中总是显得太过随意，也许口头禅只是其中一个细节问题，但它恰恰最容易毁掉一段好的谈话。换一种更为直观的说法：一段话如果有15个句子，一共250个字，一旦其中有3~5句口头禅，就意味着多出10~30个字的废话，意味着多出3~5次无意义的停顿，还意味着整段话的时间可能要延长10秒钟。对于这些失误，也许我们的亲朋好友不那么在乎，但是如果换成我们的老板、导师以及客户，情况就会大不相同。

在一些相对正式的场合中，太多的口头禅可能会成为谈话者身上的一个污点：

经常说口头禅，会被看作"缺乏应变力"的表现，谈话者可能在通过口头禅来掩饰自己的尴尬；

过多的口头禅会表现出谈话者在语言组织能力方面的薄弱，如逻辑性比较差；

口头禅频繁出现，会让人觉得你在轻视这次谈话，或者

说你不那么尊重在场的听众。

除此之外，很多口头禅的表达缺乏明确的指向性，容易让倾听者产生误会或者产生疑惑。比如，很多父母问孩子："你想吃鸡翅吗？"孩子会说："随便。"父母会为之感到困惑和着急，而另一方面，他们也会觉得孩子缺乏选择的能力和勇气。

同样的情况如果出现在领导和员工之间，领导说："我这儿有两份工作，你选择做哪个？"员工回答："随便。"领导不可能去纠结自己的领悟能力，只会在第一时间产生各种想法："这个员工缺乏自我认知能力。""这个员工没有决策能力。""这个员工过于托大，不够老成持重。""这个员工对我的工作有所不满。""这个员工缺乏责任感，只会敷衍了事。"等等。

由此可见，过多的口头禅会带来一些误解和麻烦。在交流中，每个人都有必要更加明确、顺畅、完整地表达自己的观点，并确保这些观点能够准确、完整地被他人接收到。因此，在日常交流中最好还是少用口头禅，那些粗俗的口头禅更是不能使用。

❻

随意插话的人，往往也会断绝自己表达的机会

有个客户向我投诉，说公司市场部如果不撤换现在的业务员，他们公司将和我们公司断绝合作关系。当时有传言，市场部某个职员对客户进行人身攻击。情况看上去很严重，经过调查后，我却发现根本没有什么所谓的"人身攻击"事件。那个客户对那个业务员产生不满的根源在于他与客户谈话时总是喜欢插话，导致双方常常没有办法沟通。了解情况后，我向经理打了报告，希望将该业务员调到其他岗位上，但是经理直接开除了他。

这件事看上去有些小题大做了，但从公司的角度来说，留下这个业务员的风险太大，公司的形象可能会受到很大的影响。

　　说到插话，没有多少人会意识到它的危害性。在日常交流中，我们常常会在不经意间来上一句"在我看来，这件事……""要是我，就……""你的想法是不是这样的，……"。

　　一方面，这表现出我们对谈话不够重视，总是抱着一种随意的、自由发挥的心态，不自觉地将与亲密朋友谈话时的那种方式移植到其他社交对象身上，尽管这些谈话方式不够稳妥、不够礼貌。

　　另一方面，出于自我表达的需求，我们总是急着去证明自己、表现自己，这样就容易出现争夺话语权的行为。当大家一起讨论某个具有吸引力的话题时，总会有很多的谈话者盲目插话，肆无忌惮地表达自己的看法，或者想方设法说出那些最吸引人的内容。

　　就谈话的效果来说，几乎没有人会喜欢别人突然横插一句。插话会打断谈话者的思路，打乱谈话的逻辑，让好不容易蓄积起来的情绪一扫而空。正因为如此，倾听者无论是赞同还是反驳，最好在别人完完整整地表达过想要表达的意思之后，再去表明自己的立场和看法，这才是一次公平的谈话，表现了最起码的尊重和礼貌。

　　小时候，我们在父亲讲话时通常是插不上任何话的，除非他提问，或者示意我们可以提出自己的见解，否则我们就会遭到惩罚。这种带有强制性和父权色彩的家庭管理模式，并不怎么让人感兴趣，但却对孩子将来的交谈习惯产生一些规范性作用。我的哥哥是个急性子，但是在与别人谈话时，总是安安静静地听完；我的妹妹是一位出色的心理医生，她最擅长的就是倾听；而我工作多年，从来都谨慎遵守那些规则，不会轻易打断其他人的话。

这是一种习惯。这种习惯有助于提升自己的素养，使我们在社交场合的言行变得更加得体，更容易做好各种沟通工作。

2012年，我所在的公司和另一家公司竞争某个社会公益项目。为了赢得更多的筹码，双方都同意展开辩论会，并邀请广大的群众来当嘉宾。

当天，对方的公司派了代表率先发言，言语中充满了各种不敬和嘲讽，可是在整个发言中，我们的代表始终没有说一句话。他一直认真倾听，在对方的谈话中，足足找出了23个错误，并且全都用笔做了记号。按照他后来所说的话来说，"这家伙说的简直就是胡扯"。即便是这样一段荒唐无稽的话，他也尽量给予对方充分的尊重。直到轮到自己发言，他才有针对性地提出了自己的看法，并指出了对方的问题。

后来，评委们将举办权交到我所在的公司手上时，说了一句话："我们将这个项目交给你们，不仅仅是因为你们的方案更合理，还因为你们在辩论上的风度征服了所有人。"

因此，出于尊重和对沟通效果的保证，倾听者必须遵守一些规则，不该自己说话的时候，就不要随意插话：

当别人开口说话时，无论有多么糟糕，都要认真听完；

当你对对方的话感同身受时，尽量用点头来表明自己的立场；

除非对方想要征求你的意见，否则不要急于说出自己的想法；

不要试图在对方喝茶或者停顿的时候插话；

当自己觉得有必要提醒对方注意某些重要措辞时，也要记得加上一句："我可以暂时打断你一下吗？"而千万不要鲁莽地说："你这句话有些问题。"

只有尊重他人的话语权，严格遵守沟通的基本法则，我们才能够更好地了解别人的想法。而下一次当我们谈话的时候，别人也才愿意投桃报李，认真倾听。

❼ 蜻蜓点水也是一种说话技巧

有一位沟通专家曾经说过一段话："人都有表达的欲望。一个莽夫在表达的时候，巴不得将所有的话说出来，但一个聪明人在说话的时候，懂得点到即止。不要说得太多、太过、太透，他追求的是蜻蜓点水式的表达方式。可惜的是，在很多时候，我们中的很多人就无法自控地成了莽夫。"

正如他所说，在生活中，我们都没有认真考虑过："我是否说得太多了？"心理学家认为，多数人在自我表达方面的欲望比较强烈，一个人如果被赋予足够的话语权，他可能会毫无顾忌地说出所有的话。这显然是不够明智的。事实上，每一个人都有权利表达想法，但这种表达需要视具体的环境和氛围而定，要照顾别人的情绪。

　　在美国内战时期，北方军队的重要将领格兰特将军备受争议和打压。一方面，他具有很高的军事指挥能力，另一方面，他因为嗜酒如命而被高层疏远。很多人指责格兰特过度酗酒、缺乏自制力，尽管这是实话实说，但喋喋不休的劝阻和批评还是让格兰特觉得难以接受。

　　后来，北方军队在南方军队的攻势下节节败退，形势越来越不利，林肯总统不得不说服其他人安排格兰特担任总司令，但格兰特因为和同僚赌气，拒不接受这个职务，林肯又不得不当面去说服他。见到格兰特后，林肯始终高度赞扬他的军事能力，直到离开的时候，才半开玩笑地说一句："**当然，我们的将军身上不需要酒气。**"

　　这句话一带而过，表达得十分隐晦，用意是提醒格兰特不要在战场上喝酒，却没有伤及他的自尊与面子。于是，格兰特爽快地接受了新职务，并很快带领北方军队发起反攻，扭转了战局。

　　在指出别人错误的时候，确实需要把握好指正的分寸，批评的话如果说得太多，可能会伤害到对方，甚至引发双方之间的矛盾。魏征是唐太宗时期一个非常正直的诤臣，只要唐太宗有什么过错，他必定会当面指正。他的思维很敏捷，说话有理有据，态度不卑不亢，但他的说话技巧并不算高明。有一次，魏征直接在朝堂上批评唐太宗，并将其错事、丑事毫无保留地全部说了出来，这对一个封建帝王来说几乎是不能忍受的。退朝后，唐太宗盛怒之下准备派人杀掉魏征，若不是被长孙皇后拦下，也许魏征就会为自己莽撞的言语付出惨痛的代价。

此外，在讨论一些比较敏感的话题时，说话者同样应该掌握好说话的分寸，只需要触及其边缘即可，没有必要深入，以免卷入是非之中。在一些权力争斗和利益纠纷中，局外人最好不要过多地进行评论，可以适当进行提醒，但不能说得太深入。

美国心理学家艾达曾经写过一篇名为《说话的是非》的文章，在文章中她列举了各种各样由于说话不慎而引起的是非，其中有一个原因就是：在一些容易引起不快的问题上说得太多。例如，思科公司的总裁钱伯斯曾经在十六岁的生日那天收到一封来自父亲的信，父亲在信中提到了钱伯斯的暴躁脾气，并给予了劝告："在没有把危险的事情完全捅破之前，收住那些愚蠢的谈话。"事实上，沟通的本质在于信息的传播与接收，说话的时候，只要有效地传达了自己的想法和观点，让对方感受到了话语中的意思，那么就没有必要浪费时间把话彻底说开。

❽ 不必明说的话才是富有智慧的话

著名的学者和作家林语堂先生是一位语言大师，在《说话的艺术》一书中，他将说话划分出了三重境界：**高者忘言，中者慎言，下者巧言。**

在佛教中，禅师要求众生"将嘴挂在墙上"，这就是"忘言"的表现；慎言是谨慎说话，没必要的话就不要说；巧言是巧妙的修辞，过度修饰的语言往往失去了本真，缺乏足够打动人心的力量。

在三重境界中，"忘言"无疑是最高的一层。所谓忘言，实际上就是指心领神会，无须用太多言语表达出来，这对于很多人来说，往往很难办到。一般情况下，我们都会认为"话不说不明"。从信息接收和确认的角度来说，把话说清楚的确很有必要，但是说得太清楚了往往也会产生一些问题。比如，一些众所周知的事情，如果重复说一遍，会让人觉得啰唆；有些隐秘的话只可意会不可言传，说出来会让人觉得尴尬；此外，对于一些非常默契的人来说，过多言语上的提示和交流会影响办事的效率。

‹ 三项要点 ›

通常情况下，以下几种情况可以不必明说：

（1）因合作默契而不明说

对于合作者来说，他们往往会知道对方想要说些什么，双方在某些事情上可能存在很大的默契。这个时候，彼此在相互配合的过程中会显得从容不迫，没有必要凡事都进行细致的沟通，有时候一个眼神、一个手势都会让双方顺利完成交流。

苹果公司的创始人乔布斯是一个非常怪异的人，很多人都觉得很难和他相处与共事，但是库克是一个例外。由于两个人在一起工作多年，库克对乔布斯非常了解。比如，乔布斯经常会冲下属发火，因为当他告诉下属"给我一点新鲜有趣的东西"时，很多人并不理解他需要什么，但是库克能够明白，他知道乔布斯想要的是什么，所以不需要等到一个明确的提示和命令，他就会满足乔布斯的需求。正因为如此，乔布斯觉得和库克之间的沟通非常舒服，两个人在一起的工作效率非常高，而这也是苹果公司后来会被交到库克手中的重要原因。

（2）因情感深厚而不明说

一些感情非常好、非常亲密的人，彼此之间往往存在比较紧密的联系。也正因为存在比较亲密的情感互动，他们之间根本不需要太多明确的言语来沟通，一些情感上的暗示就足以让彼此心照不宣。

对于那些情感深厚的人来说，很多交流在无声无息之间就可以完成，而不用通过言语直接表达出来。夫妻之情、父母之爱往往都具有这样的特点，某些沟通交流完全可以借助情感这个媒介来顺利完成。

（3）因为肢体语言的暗示而不明说

我们对于事情的看法不一定需要用言语来进行表达，很多时候，个人的肢体语言就能够给出答案。虽然肢体语言不像口头表达那样直接，但是它们同样能够准确地告知别人"我正在想些什么"。

事实上，很多事情不必要明说，也不方便明说，因此对于个人表达能力和领悟能力的要求比较高。印度哲学家克里希那穆提说过："**圣人的慧根在于没有言语的布施和教化。**"

在他看来，一个有智慧的人是不需要事事言明的，有时候不把话说清楚往往会带来"此时无声胜有声"的效果，而这才是说话的最高境界。

（5）

第五章

外圆内方：你所不了解的那些生活潜规则

1

只有变色龙才能左右逢源

尽管我们一直强调的原则是与他人处好关系，但这通常是针对某一个人或者某一群体的人而言。在面对其他利益团体和势力范围的人时，问题可能会变得更加复杂。

就像动物世界中的狮子一样，每一个狮群都有自己的势力范围，依附于某一狮群的狮子必须尽量避免进入其他狮群的领地，这是动物世界的生存法则。在人类社会也是如此。例如，在办公室中，我们有时需要选择支持某一个领导的立场，而这个立场往往会和另一个与之竞争的领导相悖；在朋友圈中，面对两个彻底分裂对立的朋友，我们也许不得不选择一方继续与其的友谊。这些都是人际关系中的困境，就连华尔街那些号称手眼通天、在政商两界都能够编织各种关系网的富豪也不得不选定自己的立场，如"我该选择希拉里还是特朗普"。

但是，有些人总能得到这样的赞誉："他在各方面的人际关系都很不错。"我们称这种人为变色龙。尽管这个称号通常和贬义、嘲讽相联系，但在现实生活中，那些看似缺乏立场、缺乏骨气的人往往是最成功的社交家。相比于那些不得不在选择中挣扎的人，他们的情商高得惊人，总能用不同的交流来迎合不同人的需求，这也是他们能够左右逢源的原因。

每个人都应该有自己的道德准则和生活原则，只要不违背这两点，就不必去排斥成为一条变色龙。它更应该成为人际交往的范本。当然，变色龙并不意味着要四处溜须拍马，无原则、无底线地去迎合任何人，真正的变色龙应该是人际交往方面的大师，应该具备一些出色的语言技巧。

❮ 三项要点 ❯

（1）模糊自己的立场

外在竞争的环境中，聪明人绝对不会轻易向某个派别或者团队表忠心，一定要避免"我想和你成为伙伴"以及"我愿意成为你们的人"之类的话。哪怕对方有意拉拢自己，也要刻意模糊自己的立场。

我工作第一年，由于表现良好，引起了公司的关注。当时有两个最有实力竞争经理位置的领导主动联系我，希望我能够成为他们团队的一员，并且明确说明可以帮助我更好地适应这份工作。这当然是一个很大的难题，如果我答应领导A的邀请，就意味着得罪了领导B，同理，如果站在了领导B这一边，就意味着要和领导A对立。对于一个入职不久的人来说，参与这种内部派别之争，显然不够理智。

所以，我当时对双方都做出了同样的回应："感谢你的厚爱，说实话我非常渴望得到你的指点，也希望有朝一日可以为公司创造更大的价值。但在此之前，我还是希望先锻炼一下自己，这样也不会辜负公司的器重。"正因如此，我始终都游走于两派的领导之间，并能够安然无恙。

（2）永远不说别人的是非

需要注意的是，企业中的很多分歧和纠纷都是从闲言碎语开始的。哈佛大学的迈克尔博士认为，职场中的敌人并非都是从竞争对手转化而来的，还有很多是因为言论冲突引起的。当A和B的谈话对C很不利时，C就有可能会将A、B当作自己的敌人。这是一种潜意识中的自我保护机制在起作用。

尽管这种机制有时候看上去毫无道理，但多数时候，我们就是因为言语不当而制造了敌人。

这也就不难解释，为什么办公室通常是纠纷最多最复杂的地方，也是闲言碎语和谣言的高发地。很少有人能够避免卷入纠纷，除非我们能够三缄其口，保持绅士风度，换句话说，我们必须先懂得成为一个谁也不得罪的老好人。

当有人在谈论"这个人怎么这样……"时，最好的方法就是什么话也不说，一笑置之。我们有理由相信，自己惹上的多数麻烦可能就是因为有意无意地做出了某种回应："是啊，怎么会有这样的人。"

（3）永远尊重别人的意见

想要和别人保持友好关系，最重要的就是尊重他们的游戏规则和语言规则。在表达自身立场之前，多说几句"你觉得怎么样""我想听听你的看法""我觉得这件事还是你来做主"。当一个人愿意以别人的想法为主，愿意站在别人的角度来看待问题时，他的人缘就会越来越好。

对于变色龙来说，他们绝对不会轻易表态，但也不会冷落任何一方。倾听是他们最擅长的，一方面可以避免表态而得罪其他人，另一方面也可以让所有的人都感受到自己的诚意和尊重。每个人通常只关心他们的观点能不能得到认可，所以，聪明人总会在适当时机满足他人的欲望，从而在复杂的人际网络中显得游刃有余。

从厚黑学的角度来说，由于人生处处充满权力的游戏，我们想要在这些游戏中生存下来，就必须了解各种游戏规则，明确自己的定位。真正玩好游戏的人，并不是那些发号施令的人或者占有更多话语权的人，而是那些游走于各种场合、各种关系中的平衡者。

因此，我们需要做出表态："**这是我的朋友？不，所有人都是我的朋友。**"

❷

重要的话不要自己全说了

2011 年，我们公司和外国一家跨国公司进行合作，共同开辟非洲市场。双方展开了为期三个月的漫长谈判，最终达成了一致意见。作为公司市场部的负责人，我有幸同市场部经理一起参加了谈判。当整个团队回国后，我迫不及待地将这个好消息通知了所有人，一旁的市场部经理脸色突然变得有些难看。我这才意识到，自己犯了一个大忌——我抢走了经理的话语权。

每个人都拥有自己的说话权限，什么话应该自己说，什么话应该让给别人来说，这些都是很有讲究的。我们总能在奥斯卡或者其他的颁奖典礼上见识到那种巧妙而睿智的表达方式，当某人对奖项做了一番表述和铺垫后，会将最后说出获奖人名字的机会让给他的搭档，这是一种谦虚礼让的模式。

当然，总有人对此提出异议，为什么那些最重要的话必须让给其他人来说？很显然，多数时候这只是一种习惯，无论是出于尊重还是出于节目设计的需要，都需要有人做出"牺牲"。反过来说，如果我们尝试让其中一个人从头到尾将所有的话都说完，他的搭档一定十分受煎熬，双方的默契以及营造的氛围也必定会大打折扣。

因此，在谈话中，一些聪明人总会谨慎分配好谈话的内容，也总能保持一种豁达的心态：既然别人也有权利去说，那么就不要抢夺他们的权利。

❮三项要点❯

（1）退让和成全

有时候，为了掌控话语权，我们可能会在言语上表现得咄咄逼人。然而，良性的沟通和人际关系在于彼此的配合，在于相互的信任与尊重，还有一定的默契度。很多时候我们必须放弃竞争意识，尽量成全他人的表达欲望。

例如，在五十多年的婚姻生活中，我的祖父和祖母从未有过激烈的争吵。他们两个人都是直性子，这听起来有些不可思议，仅仅依靠感情不可能完全避免争吵，他们在处理彼此的关系上确实下了一些功夫。比如，我的祖父作为当家人，每一次提到一些重要的事情时却会鼓励祖母发言，如孩子获了奖，家里有了大丰收，举办一个小型的家庭宴会，或者外出旅游。当他们准备接下来做点什么的时候，祖父就会说"还是你来说吧"。很多人并不重视这一点，但这些举动确实让祖父和祖母的关系更为亲密。

（2）主动分享

通常情况下，我们会认为说某些重要的话代表了个人的身份、地位和名望，或者说我们愿意通过那些话来证明自己的确高于众人。这也是我们常常会重视这些讲话的原因。不过，相比于这种精神上的自我满足，我们更应该主动分享。如果我们觉得某些话能够使人快乐，那么就不要吝啬让别人来传播这份快乐；如果我们觉得这些话能够带来荣耀，就不要自私地占有这些荣耀。

有个乐队在获得音乐大奖的时候，大家都推选主唱上台发言，因为这是他带领的队伍，是他唱出来的成绩。主唱上台后，发表了动情的演讲，但是演说进行到一半时，他突然笑着说："我已经说得够多了，剩下的话应该让我的队员来说，我想他们应该一同分享今晚的荣誉。"

（3）默契源于一种配合

在相声表演中，有人负责捧哏，有人负责逗哏。捧哏的人一般负责烘托和铺垫，而逗哏的人往往是处理包袱和笑料的那一方，即相声表演中的主角。一个好的相声节目，并不完全是主角的功劳，捧哏的人通常会为逗哏的人埋下伏笔，甚至会说出一两句点睛的话语。在整体表演中，捧哏的人会牺牲自己的表现机会，尽可能衬托对方的语言优势，而逗哏的人也会适当地将部分精彩内容分给捧哏的人去表演。尤其是在对口相声中，捧哏与逗哏相互协作，相互铺垫，往往能够呈现出最好的艺术效果。

如果将相声表演艺术运用到日常交流活动中，这就体现出了交流的一个基本原则：配合。配合需要彼此之间的协调和信任，确保双方都可以参与到对话中来。配合并非将所有的好话一味地进行均分，而是进行合理且巧妙的安排，让双方都扮演好自身的角色，这样不仅让交流变得更加顺畅，还能够稳定彼此的关系。

3 假借他人之口，说出心中之言

詹姆斯·罗宾曾是 Facebook 公司的顾问，他在 2015 年出版了一本书名为《表达的真相》。书中提到，很多聪明人都不会亲自说出自己的观点，他们更喜欢引导别人来说出自己想要说的话，他们是幕后操纵他人谈话的"黑手"。

詹姆斯·罗宾认为，一个圆滑的人是不会轻易暴露自己内心的真实想法的。当他们对于事情的解决缺乏把握的时候，必定会想办法利用他人充当自己的发言人，尤其在一些棘手的问题面前，他们十分擅长将自身可能承担的风险进行转移。

尽管借他人的口来说话有时候显得过于"腹黑"，但实际上在复杂的生活和竞争环境下，掌握这种技巧对我们来说至关重要。那么在何种情况下才适合使用类似的技巧来达到自己表达的目的呢？

第一，当涉及自身利益的时候，说话者为了避嫌，最好的办法就是暗示别人来说出自己想说的话。

说话者不会直接切中要点，而是巧用暗示，让其他人去进一步领悟话中的意思，然后说出来。关于这一点，有人做过一个形象的比喻："如果不知道房间里有什么，那么我们要做的就是站在门前，让别人去敲门。"

例如，某公司召开座谈会，公司领导希望员工们说出自己想要说的话。张先生作为老员工的代表进行了发言："我觉得老员工的一些基本权利还是应该得到保障，老员工也是需要关怀的。"

实际上，这句话的潜在核心是工资问题，毕竟很多老员工都在私底下表示过，希望可以增加工资。但如果说得太明显，无疑会被认为是张先生在替自己寻求利益，反而会引起他人的猜疑和不满。所以，他只能说得非常隐晦，通过这句话来刺激其他老员工发言。

果然，很快就有几位员工代表站起来提到了工资的问题。大家你一言我一语，将工资的事情提到台面上来说，公司的高层领导不得不开始重视这个问题，而张先生则巧妙地为自己谋到了应有的福利。

第二，当自己处于弱势地位的时候，说出的话并不会引起他人的重视。

对于期望表达某个想法的人来说，最佳的方式就是设法引导一些权威人物来帮自己说话。

裕容龄被称为"中国现代舞的拓荒者"，她自小就跟随身为外交官的父亲裕庚出使他国，对外国文化有很深的了解。在日本期间，她像其他日本女孩一样开始接触舞蹈，进入舞蹈学校学习。后来，喜欢上舞蹈的她干脆跑到法国去学习现代舞和芭蕾舞，并在欧洲进行演出，引起了不小的震动。

回国后，裕容龄在各个场合表演舞蹈，但是思想封闭的朝廷官员认为现代舞有失体统，他们嘲笑裕庚家门不幸，养出了一个"舞女"，这些话让裕庚觉得很没面子。裕容龄没有做任何辩解，她知道自己人微言轻，根本不可能说服别人，最好的办法是让一个位高权重的大人物替自己说话，而这个人就是慈禧太后。

为此，她经常和慈禧太后谈论西方艺术和舞蹈，在引起慈禧的兴趣后，她融合中西艺术，精心排练了《剑舞》和《扇子舞》，然后进宫表演给慈禧太后观看。慈禧太后看完之后非常开心，当场称赞说："这是很好的舞蹈嘛，我很喜欢。"见到慈禧太后如此欣赏这些舞蹈，大臣们只好纷纷附和，再也没有人敢对裕容龄的舞蹈指指点点了。

第三，对于一些敏感的话题，可以安排局外人先进行试探，了解一下具体的情况，有效地避免自己直接卷入是非之中。

福特汽车公司的部门经理埃文·拉里曾经支持对公司内部管理进行改革，期望获得福特先生的支持。但一直以来，福特在改革派和保守派面前始终没有任何表态。因此，埃文找到了福特先生的朋友，在闲谈中故意聊起了公司内部有关改革的争论。他并没有直接阐明自己的立场，而是看似漫不经心地指出了目前公司管理上的一些问题。

几天之后，这个朋友找到福特，建议他进行改革，所使用的理由就是埃文·拉里提到的那些管理问题。然而，福特先生拒绝了他："公司的问题肯定会存在，这些我们是知道的，但改革将会制造更多新问题，这是我们没有任何经验去处理的。"

福特的话证明了他的保守派立场。因此，埃文·拉里很快打消了改革的念头，并且进入保守派的阵营。

实际上，借助他人的话语来表达自己的观点，是保护自己的一种有效措施。在日常生活和工作中，善于表达自己的观点并没有错，只是这种表达有时需要更加隐蔽一些。如果我们不了解自己的表达会带来什么结果，那么，保持谨慎，寻找外在的发言人是保全自身的不二法则。

4

没有说错话的老板，只有不会说话的员工

社会学家波尔教授提出了一个非常有趣的观点：对于错误，我们总是有一种本能的痴迷，绝大多数人都乐于纠错，或者说一旦发现错误，就会不自觉地产生指出它的冲动。有人在车厢里抽烟，我们不禁会盯着他的烟看；当主人家茶几上出现一个污点时，我们就想提醒主人那里脏了；当镜面上有雾汽时，我们会有伸出手擦掉它的冲动。

一些显而易见的缺陷，往往很难被我们忽视，如果没能得到解决，反而会成为我们不小的心理负担。这种情况在观看犯罪类型电影的观众身上频频出现。罪犯可能不小心在现场遗落了一片纸屑，忘了擦掉身上的血迹、擦掉指纹，发现问题的观众总会想要提醒屏幕中的罪犯"快把那些该死的痕迹弄掉"。这种紧张会随着电影情节的推进而不断加剧，很多观众甚至害怕警察会立刻发现这些蛛丝马迹。

这像是某种裂痕产生的效应一样，我们渴望修复这个裂痕，并对它加以持续的关注，一旦难以修复，我们就会产生焦虑不安的情绪。这就是我们常常会忍不住想要指出某些人的错误的原因。然而，当我们指出这些错误之后，情况可能会变得更糟，尤其是面对自己的老板或者领导时，草率地指出他们的错误显然会让气氛变得更加尴尬，也会将自己的自以为是和无知放大。

有一次，我去拜访自己的大学老师，他给我的职场箴言是：**"没有说错话的老板，只有乱说话的员工。"**

很难想象一个有名望的、严肃的大学教授会表现出如此厚黑的一面，但是经过职场的历练和自身的观察，我发现这句话对我的人生至关重要，它使我在迫不及待想要成为一个纠错者时极力避免成为一个犯错者。

很显然，多数人会觉得帮助老板指出错误是出于一片好心，是为了团队的利益着想，但他们忽略了一个职场法则：直接指出老板的错误，本身就是一个错误。正因如此，我们需要更加谨慎地对待老板话语中的那些错误，尽量避免自己在一大帮沉默的听众面前充当炮灰。对于这些所谓的错误，最好按照具体的情况来做出最巧妙的处理。

❮ 四项要点 ❯

（1）选择直接忽视

有时候，老板所说的话中存在一些无足轻重的细节错误，就像他们在报告中所说的那样，"我们这 54 个人需要共同努力"，尽管事实上只有 45 个人，但是谁在乎呢？这样一个错误根本就不会对企业的发展造成任何影响。对于这些一时口误的问题，我们应该选择视而不见，完全没有必要斤斤计较。我相信，那些指出这种错误的人一定不会得到老板的好脸色。

（2）把错误圆回去

在老板说错话的时候，如果当面进行指正，可能会引起反感，因此不如想办法让这个错误变得更为合理，从而给老板一个台阶下。

当老板叫错了某个客户的名字，下属可以这样对客户进行解释："您和我们老总的一个好朋友长得太像了，难怪他会认错。"当老板出席某个大型社交活动时，不小心坐到了嘉宾的位置上，为了避免嘉宾到来时出现尴尬，下属可以这样说："您就是×××先生吧，我们老总在这里等您多时了，他想和您见个面打个招呼。"通过对错误进行巧妙的修饰，不仅可以让老板意识到自己犯了错，同时也使他避免陷入尴尬的处境。

（3）进行巧妙的暗示

如果老板的错误比较明显，或者很有可能会产生一些负面的影响，这时候就绝对不能装作不知道，但也不适宜直接指出来，而应该巧妙地进行提醒或暗示。

比如，某人昨天拿了一份重要的文件交给总经理签字，今天询问总经理，总经理斩钉截铁地回答说："我昨晚就把所有的文件都签好了。"但是他回来后发现总经理忘了在上面签字。为了更好地处理这件事，他返回办公室，可以告诉总经理："对不起，我昨天给你的文件弄错了，现在你可能需要重新签一次。"这样就可以有效掩饰总经理的疏忽，同时也没有耽搁这个重要的工作。

（4）主动将错误揽到自己身上

在我刚进公司的时候，经理召开了一个小型的见面会。

当时他在台上依据名册点名，希望大家可以相互认识一下。当点到"林兀"的时候，由于经理不认识"兀"字，于是随口念成了"林元"。这时候，一个新员工怯生生地站起来说："我叫林兀。"可想而知，经理当时有多么尴尬，那个部门的主管立即站了起来，对经理道歉说："对不起，我没有将那个字写清楚，在上面多加了一笔。"这才化解了尴尬的氛围。

其实，无论哪一种方法，都要求员工善于察言观色，能够在第一时间迅速反应过来，做出得体的应对。

⑤ 虎狼环伺中的伪装哲学

　　小洛克菲勒准备接手洛克菲勒的石油产业时，曾向父亲请教经商之道："您觉得我应该怎么在那些对手面前保持优势？"洛克菲勒回答：**"永远不要让别人看出你做事情的逻辑和目的。"**

　　正是因为始终遵循父亲的教诲，小洛克菲勒非常善于在对手面前混淆视听，很少有人真正了解他内心的真实想法，而这也为他经营洛克菲勒家族的生意奠定了坚实的基础。

　　与之相似的是三星公司。李健熙从父亲那里接手三星的生意时，有意进军电子行业，但是国内有LG这样的强大对手，国外则有索尼公司这样的巨头，想要有所作为非常困难。这时候，李健熙采取了伪装的策略。当媒体追问他是不是准备在电子产业大展拳脚时，李健熙说："这是我近一年来听到的最有趣的问题，也许我会考虑一下你的建议（进军电子行业）。"外界纷纷以为三星公司没有发展电子产业的想法。私底下，三星公司却慢慢壮大自己的电子产业，等到 LG 和索尼公司发现时，为时已晚。

小洛克菲勒与李健熙成功的关键就在于伪装自己，通过这种掩饰，他们顺利模糊和误导了对手的判断，从而为企业赢得了更大的发展空间。随着社会竞争的加剧，个人在生活和工作中常常会遇到各种势力的干涉，为了避免过早地暴露在对手面前，每个人最好懂得伪装自己，采取更为圆滑的态度应对现实环境。

≪ 两项要点 ≫

在话语表达方面，要注意隐藏自己的真实意图，不能轻易暴露自己的想法、计划、目标。伪装性的话语是博弈的一个重要方式，通过在言语上误导别人，或者混淆别人的认知，从而让对方对所掌握的信息产生怀疑。

伪装的方法有很多，每一种方法的本质都是为了制造信息混乱：

（1）极力否认

在百事可乐最初的成长过程中，可口可乐一直都是它最强大的对手。为了避免受到过多的排挤，百事可乐不得不选择在一些经济落后的第三世界国家进行销售。但美国本土和欧洲的市场始终是诱人的，为了麻痹对手，百事可乐的负责人不断向媒体宣布："我们不具备可口可乐那样的优势，第三世界和苏联将是百事可乐的最大市场。"可是与此同时，百事可乐却在暗地里布局美国市场与欧洲市场，与很多大型连锁超市洽谈业务，签订保密协议。大意的可口可乐全然不知，直到看到百事可乐的产品越来越多地出现在欧美市场，可口可乐才发现自己被骗了。

当我们试图隐藏自己的动机和意图时，极力否认自身的行为是一种较为传统和直接的表达方式。在一些竞争压力比较大的环境中，为了减缓外在的压迫，当事人往往有必要说一些口是心非的"假话"来骗人，明确告诉对方"我没有这种想法"，以此来达到暗度陈仓的效果。

（2）模糊处理

里根总统是美国历史上唯一一位演员出身的总统，正因如此，他拥有出色的演说技巧和惊人的伪装能力。有一次，

有人放风出来说，里根将会成为共和党内的总统候选人，这
让竞争对手非常忌惮。但是，里根面对媒体的采访时说："我
在 1962 年和 1976 年的共和党候选人提名中都遭遇惨败，我可
不确定自己是否做好了准备继续丢人。"这句话并没有明说他
是否要参加总统竞选，但是很多人开始怀疑里根总统是否参
加竞选的意愿，他们认为里根可能厌倦了政治游戏。

然而，正当党内人士开始积极竞选候选人的时候，里根
总统突然加入混战。准备不足的其他人很快成了里根的手下败
将，紧接着，里根顺利成为共和党内参加总统竞选的候选人，
并最终击败了民主党的候选人卡特，成为美国总统。

运用语言对自己的观点进行模糊处理，是一种非常有
效的伪装方式。很多人在描述自己的观点时，总喜欢"打太
极"，说一些似是而非的话，让人搞不清楚他到底在说什么；
还有一些人在发表看法的时候，对于小的细节描述得非常清
晰，但是在重要的话题上却模棱两可。这都是比较巧妙的模
糊手法，可以有效防止自己暴露太多真实的信息。

在竞争环境中，相比于直接表明立场，选择一种似是而
非的表达方式，不仅会产生迷惑对手的效果，对个人形象的
损害也更小一些。

6

不要轻易成为第一个开口说话的人

为什么记者总是争着成为第一个报道某一事件的人？为什么我们总是想在所有人之前宣布某一个重要消息？为什么对于同样的一个话题，我们总想成为树立观点的人？

通常，人们都有先入为主的思维。在描述某件事情的时候，第一个说出来的人会受到更多的关注，就像我们在孩提时代所面对的竞争一样，当老师提出一个问题时，总有人迫不及待地举手。多数人都很享受第一个举手、第一个说出答案的那种感觉。对大家而言，第二个或者第三个说出答案的人和没有猜出正确答案几乎没有太大的区别，一旦没有抢到率先发言的机会，他们的兴趣就会大打折扣。

这种从小培养起来的竞争性思维会在我们日后的言行举止中表现得更加突出。在工作中，我们喜欢第一个发言，在老板提问时，我们喜欢第一个站出来做出详细的陈述。这种"第一"的确能够带来更大的动力。从本质上来说，第一个说出这番话和第二个说出这番话没有太大的区别，但是在自我暗示中，我们误认为第一个发言是一种荣耀，误认为自己更能够赢得他人的关注。

事实上，第一个抢着说话的人并没有想象中的那么受欢迎。我的朋友李先生是一位性格直爽的北方人，喜欢表现自己，每次有什么事情，他都会想当然地说"还是让我来说吧"。这常常让我们感到有些尴尬，好像我们完全被忽视了一样。久而久之，大家都不愿意和他一起聊天了。

人人都渴望成为"第一个"表达者和发言人，同时又本能地排斥和嫉妒这个"第一人"。这种矛盾心理使得第一个发言的人往往处于人际交往的风口浪尖。事实上，在社交场合中，虽然没有人会对谁先说话、谁最后一个说话做一个明确的顺序安排，但大家都知道其中的一些潜规则。了解内在乾坤的人都明白，第一个发言的机会通常会留给那些地位更高或者更受尊敬的人，就像在公司内部会议中，老板通常会是第一个发言的人，而不是那些无足轻重的职员。

这些内在的顺序显示出一定场合内的权力分布和能力大小，破坏了这些顺序，就可能会造成社交上的尴尬，甚至成为众矢之的。所以，平时一定要避免"我先来""我先说""还是让我说吧"等不礼貌的词语，更不能见别人一提出某个话题，就立刻将话题抢过来。除非别人指定了让我们先说，否则不要轻易成为第一个开口说话的那个人。

此外，抢着说话的人通常容易陷入一种尴尬的境地，那就是在他们迫不及待地说出自己的观点后，却发现自己的想法根本不受欢迎，甚至与其他人的想法相悖。比如，某个人一大早来到办公室，见到大家都安安静静地站在那儿，大声说道："喂，你们看昨晚的球赛了吗？我说，巴西队简直太神了！"也许他和平时一样想开开玩笑，把气氛搞得活跃一些，但事实上，公司在前一天失去了一个大客户，损失惨重。在这种情况下，他的谈话自然不会起积极的效果。

这样的情况并不少见，由于急于表现自己，我们常常忽略了观察环境，并没有意识到所处的氛围。比如，某家公司选择和A，B企业中的哪一家进行合作，虽然领导倾向于B企业，但是一直没有做出最终的决定，此时，如果有人自作聪

明地说"我觉得 A 企业更适合我们"，就可能会因为和领导意
见相悖而遭到排斥甚至弃用。

对于每个人来说，最明智的就是静观其变。注意观察形
势，先想办法了解其他人的想法。在无法了解形势变化的前
提下，我们最好保持克制，让别人先发言，以他人的话作为
探路石，以此来观察所有人的反应，这样才能够弄清楚自己
应该说什么话、应该怎么去说。

7

真话有时候还比不上一句善意的谎言

　　据说，在犹他州的一个小镇上，一位名叫安娜的老人躺在病床上焦急地等待儿子的消息。安娜已经奄奄一息，可是真正让她揪心的是儿子因为涉嫌抢劫杀人而被警方逮捕，她一直希望听到儿子无恙的消息。

　　两天之后，安娜的儿子被判终身监禁，法官鲍勃先生宣读了判决书。当天下午，鲍勃来探望安娜，并且带来了她儿子的几句话。安娜见到法官后，吃力地问："鲍勃先生，我希望你能够判我儿子无罪，我想他应该是无罪的，是吗？"鲍勃先生脱下了帽子，摇了摇头说："对不起，夫人，您儿子犯的是重罪，他一辈子都没有可能出来了。"

听到这句话，安娜彻底失了神。几分钟之后，她痛苦地闭上了眼睛。

从法律角度看，鲍勃是一个好人、一个诚实的人、一个正直的法官。但是，如果想想他对一个行将就木的老人所说出的那一番真实而残忍的话，就知道他错得有多么离谱了。一时之间，正直的鲍勃几乎成了比罪犯还要让人厌恶的人，镇子里的人将其称为"刽子手鲍勃"。

在这件事上，鲍勃或许并没有做错什么，但他不适宜的话语深深地伤害了安娜。有些时候，残忍的真相比不上一句谎言来得实在。而在生活中，我们可能也会因为对于"真相"和"真话"的过度执念，说出一些伤害他人的话。尽管指责一个说真话的人显得并不那么合理，但是有时候，这个社会所看重的并不是我们说了什么，而是我们怎样去说。

父亲在面对受到挫折的儿子时，有时并不应该实话实说："你做的东西真的是烂透了。"而应该对其给予鼓励："我觉得你做得还不错，当然你可以做得更好。"

在面对那些癌症晚期的病人时，也许要说的不是"医生说你已经无法医治了"，而应该进行安慰："医生说情况并没有那么糟糕，只要好好养病，一切都会好起来的。"

有时候我们的爷爷奶奶乐于露一手厨艺，当他们端出不是太咸就是太淡的菜来招待孩子时，我们应该收起作为诚实孩子的那些话，夸赞说："这道菜真的很好吃。"

这些谎言是否真的让我们感到良心不安或者让别人受到了欺骗？事实上并没有，尽管没有人希望自己被人"欺骗"，没有人希望他人对自己有所隐瞒，但是更没有人希望受到否定和伤害。如果善意的谎言可以将伤害降到最低，制造出比真话更好的交际效果，那么就不要坚决地去抹杀谎言在生活中所扮演的那些独特戏份。

我从很小的时候就开始写古诗，父亲总是表扬和鼓励我这么做，并且将那些诗全部收藏起来。每一次我写好之后都会第一时间得到他的赞美，直到有一天，我发现父亲收藏的那些诗稿上写满了如何修改的评语。虽然有些意外，但我感受到的并不是挫败感，而是满满的感动。

尽管很多时候我们不能放弃对真相的追求和尊重，但在某些特定时期，善意的谎言才是更好的选择。尤其是对于那些需要希望、需要理想、需要从黑暗中挣脱出来的人，我们应该用善意的谎言来帮助他们重新振作，这才是语言真正的魅力和价值所在。

我们没有必要一定强调"鲍勃效应"或者"残忍的真相"

之类的法则。多数时候，我们需要改变自己的思维和语言模式，对于谈话的选择应该更加灵活，更具人性化。就像我们不应该生硬地告诉孩子"世界上根本没有圣诞老人"一样，这样的真话毫无意义。在有些时候，让对方保持一种愉悦、轻松、乐观的情绪远比告诉他们"一切都完蛋了"更为合理。

对于真相和谎言的选择，并没有一个固定的套路或者模式，一切都取决于我们如何去平衡自己和他人的关系，如何去平衡这句话所能产生的影响。

对于一个处于挫折且急需站立起来的人，我们需要告诉他"你已经做得很棒了"；但是对于一个犯了错的人，如果我们不加以约束，不及时指出他身上的错误，可能会让他丧失对自己的所为最基本的判断。因此，在判断是否值得去说谎时，我们可以抛弃那些复杂的心理活动和情感体验，只需要在特定时期听从内心的声音：

如果他的情况已经很糟糕了，真话只会让他受到更多的伤害，那么我们可以适当用谎言来提升士气；

如果我们确定了说谎不会带来比这更坏的效果，不会比说真话制造更多的麻烦，那么就可以适当撒谎。

而事实上，如果我们满怀善意，谎言对他人有时会是最好的祝福。

第六章

你是什么样的人，取决于你说了什么样的话

❶ 自信的态度是语言的灵魂

　　如果我们对世界上最出色、最受欢迎的演说家进行分析和总结，就会发现，尽管这些人拥有不同的性格、肤色和国籍，具有不同的演说技巧，但他们都有一个共同点，那就是自信。很多时候，打动我们的往往是演说者的自信态度，而不是他们所说的内容。就像我们观看脱口秀女王奥普拉·温弗瑞的节目时总是会被她吸引一样，她的声音是那么温和、睿智、充满自信，我们会自然而然被这种自信所感染。如果换成其他平庸的主持人来讲述同样的内容、说同样的话，效果可能会大打折扣。

　　很明显，自信的声音更让人受到欢迎。例如，当老板准备下达任务时，员工A说："**我不**

太确定能否完成它，要不我先试试看吧！"

员工B说："这个任务有点难，但是我会尽量做好。"

员工C说："好的，我会给你带来好消息的。"

老板自然更乐于听到员工C的回答。自信的人往往带有一种天然的吸引力和魅力，不仅能够更好地解决问题，还会给身边的人带来更多的信心和正面影响。

在日常生活中，那些对生活和工作更有信心的人通常更容易把握住机会，会受到更多的关注和青睐。即便很多人可能有虚夸的成分，但是相比于经常将"我不行""我不确定"挂在嘴边的人，哪怕是有一些夸张的言论，也会更让人放心。

我的父亲曾经在工作中做得很出色，以至于到了退休的年龄，领导也一再地挽留他。我希望他能够给我一些建议、关于征服老板的秘诀。他给我的唯一忠告就是"保持自信"，为此，他教给我几句话：

不要说"我担心会……""我害怕这件事会……"，过多地担心事件可能造成的影响或者可能出现的意外情况，往往会让一个人的能力失去说服力；

减少"可能""也许""大概""说不定"等不确定性的措辞，多说一些"一定""肯定""必须"等肯定性的词语，从而增强他人的信心。大家都希望获得一个更有力量、更具保障性的承诺；

尽可能少说一些"让我想一想""我要思考一下"这类话，换句话说，你可以在大脑中进行思考，但不能过多地表现在言语中。尽管思考会让人觉得你很稳重，但同样会让你的个人能力和决心遭受质疑；

当别人对你所遭遇的困境感到担忧时，不要让人看出你的忧虑和挫败感，不妨先进行自嘲："你看看，总会有一些乱七八糟的小事来打扰我。"

有时，由于受到家庭教育和一些传统道德的影响，我们不太喜欢那种过于直接和张扬的表达，我们更愿意说"我会尝试着去完成它"而不是"我一定会完成它"，并误以为这种低调的做法会赢得更多的信赖。其实，自信和低调本身并不冲突，适当展示自己的实力，适当给予别人更大的信心，这本身就有助于增强彼此之间的信任。

‹ 四项要点 ›

那么，如何让自己的谈话看上去更加自信？

（1）主动交流

对于沟通而言，是否主动往往体现了一个人的性格。那些能够主动问好或者挑起话题的人通常比较乐观，会让人感受到强大的自信，毕竟对方有勇气判断你一定对这样的话题比较了解或者说有足够的人际交往经验来应对任何谈话；而那些被动接受谈话的人往往显得过于内敛和保守，在谈话中处于下风。

（2）强化语气

在一些重要谈话中，很多人容易表现出模棱两可的态度，或者表现出一些不确定的语气，从而让对方觉得你可能在这件事情上缺乏把握。为了避免对方质疑，我们需要使用更加肯定的语气来强化自己的态度，以证明自己有充分的能力和信心解决这些问题。

（3）适当提升语调

通常，我们需要依据不同的内容和语境来适当改变自己的语调。对于自信的人而言，他的话一定是激昂的，代表着一种向上的力量。想要呈现出这样的效果，就需要适当提升自己的语调，通过有节奏地爬升，让自信心展露无遗，带动大家的情绪。

（4）语速适中，保持从容

在谈话中，语速的变化往往会显示出个人内心的状态，一口气说出几十个字或者半天才吐出几个字，都会让人发现谈话者的紧张、担忧、心虚或者不自在。为了表现出沉稳自信的一面，我们有必要掌控好语速，让整个谈话表现得更加从容不迫，别人自然也会感受到我们言语中的这份自信。

②

言之有礼，为自己加分

　　沟通不仅仅是一种技巧，更多的时候，它体现出的是一个人的内在修养，而这种修养最直观的表现就是说话的方式。一个人习惯了大吼大叫，习惯了说一些情绪化的话，常常出现过度敏感的反应，那么他在人际交往中就很容易与他人发生摩擦。

　　我曾经的一位同事是一个性格直爽的人，为人大大咧咧，说话也非常直接，只要有什么事情让他感到不满意，他就会当面进行指责和批评。很多时候，他并没有真正的恶意，只是喜欢嘴上不饶人，但由于他种种不礼貌的举动，他被大家孤立了，平时很少有人愿意与他交流。有好几次，他向上级领导抱怨同事都看不起他，对他冷冰冰的，还有意躲避他。领导也只是笑笑，并不说话。在这样的情况下，他自知在公司里不再受欢迎，只好心有不甘地选择离开。

在生活和工作中，往往会存在类似的人，他们并不是真正意义上的坏蛋，只不过在谈话中缺乏一些礼数。如果他们试着多使用一些日常礼貌性的话语，情况一定会大不相同。

——"你好。"

尽管这句话看起来微不足道，但这常常是我们打造人际关系的开始。一些宗教话语认为，我们在大街上、在办公室里、在其他公共场合的相遇，并不是偶然的，而是因为某种机缘。能否抓住这种机缘通常取决于我们是否能够主动地把握它。有时候，这很简单，只需要一个招呼即可。

事实证明，经常打招呼的人，都具有良好的人缘。很显然，一句简单的"你好"，可能会换来对方善意的回应，接下来双方很有可能在此基础上谈论天气、食物、股票和教育，谈论各自的工作，可以说，接下来多种交往的可能都建立在这句"你好"上面。

——"谢谢。"

很多人并不善于说"谢谢"，对他们来说，一切都无足轻重，或者是理所当然的。有人帮忙让道，有人帮忙收拾东西，有人在车上为你让座，这些本身就是他人善意的一种表示，他们都希望能够获得对方积极的回应，如果我们冷漠以对，那么只会伤害他人的积极性。

通常来说，对他人予以感谢的行为会受到地位的影响。比如，上级领导会认为接受下属的帮忙是理所当然的，父亲会认为让儿子帮忙做点事情也是天经地义的，一些社会地位高的人会觉得自己没有必要向地位较低的人说一声"谢谢"。正是这些自我优越感让他们在人际交往中渐渐被孤立，导致他们失去了沟通的主动权。反过来说，发自内心的一句"谢谢"，往往会让施与者感到愉快，下一次双方将会出现更多的良性互动。

——"对不起。"

在所有的沟通话语中，道歉也许是最困难的。在大家的惯性思维中，"对不起"意味着自己错了，意味着自己可能在话语权争夺中低人一等，也意味着自己即将受制于人。所以多数情况下，我们会本能地排斥和恐惧"对不起"，哪怕我们错得很离谱。

从孩提时代起，我们就不愿意说"对不起"。承认错误通常会让孩子联想到接下来的惩罚，因此在多数时候，他们会对打哭玩伴、弄坏他人玩具或者摔坏花瓶之类的事情三缄其口。这种惯性会影响孩子未来的成长和人际交往，我们会慢慢习惯撞到别人而装作不知，犯了错误却保持沉默，尽管这些事情关乎一个人的诚实和礼数，但多数人仍旧愿意对自己的错误视若无睹。

实际上，说一声"对不起"并没有什么大不了。它并不会像我们想象中的那样会引起一些自我贬值的可能，相反，一个诚实的、敢于承认错误的人往往会受到社会的欢迎。

有人做过一个试验，在上班高峰期挤公交车时，他故意将一摞书掉在地上。这时候，多数人会赶着抢占位置而直接从他手臂上方跨过去，另外一部分人则骂骂咧咧，认为他挡住了通道，浪费了他们的时间。只有极少数的两三个人会说："抱歉，请让一让。"语言行为上的不同暴露出了个人的修养。

最终他发现，直接从他手臂上方跨过去的人，在公司里人缘一般，很少与人有什么深交，平时都只是忙于各自的工作；那些骂骂咧咧的乘客，多半都脾气暴躁，在工作和生活上有诸多不如意，人际关系糟糕；至于那些说"抱歉"的人，更善于和不同的人进行交流，而且在工作上的成绩比较出色。

　　这个试验完美证实了一个道理：礼貌用语往往能够体现出一个人的修养，而个人的修养又决定了他在生活和工作中受欢迎的程度，决定了他在生活和工作中能够产生的影响力，更决定了个人在交际和事业上的成功。

❸ 平易近人，他人才会亲近你

一个平易近人的老师，通常会受到学生的拥戴；一个喜欢开玩笑的老板，往往会和下属更和谐地相处；一个和颜悦色的朋友，总会引出更多有趣的话题。很多善于交谈的人都意识到了这样一个技巧：亲和力就是最大的吸引力。

无论如何，我们都更喜欢接近那些更容易亲近的人，就像慈祥的祖父要远远比严厉的父母更加让人感到自在一样。这通常和一个人内在的需求有关，即我们需要一个亲和的朋友，因为在面对那些毫无架子、态度谦和、言行温柔的人时，自己恰恰处于最放松的状态。与此相对应的是，多数人都拥有一定的社交恐惧症，他们害怕面对那些不讲道理、粗鲁、成天阴沉着脸且喜欢乱发脾气的人。

不得不承认，已故的苹果总裁乔布斯在人际交往方面比不上现任总裁库克，追求完美的乔布斯从来就是员工眼里的恶魔，他总说"别告诉我这很难""我不知道你是否用心工作了"，以至于大家在同他一起坐电梯的时候也备感煎熬。尽管每个人都很怀念乔布斯，但是在人际交往上，他的确是劣迹斑斑，你绝对不希望他成为自己的顶头上司。库克则不同，他是营销出身，更善于与人打交道，并且会温和地对待任何一个人，这就是他总能让员工感到放松的原因。

在多数情况下，人们会习惯于利用他人的性格大做文章，并且适当地调整彼此之间的距离，这种能力几乎是与生俱来的。一旦他人比较严肃和认真时，我们就会显得比较被动，想与之保持一个更长的距离来保护自己。相反，一旦对方显得一团和气，我们就会更加主动地接近对方。

比如，在办公室里，我们往往对老板的性格非常关注：他是不是善于沟通，性格脾气又如何。如果老板每天早上来上班时，会向每个人问好，会耐心地解答每个问题，会用最温和的声音指导工作，所有的员工都会愿意为他工作。相反，如果老板是个非常严苛的人，不苟言笑，经常训斥他人，那么，其员工在工作上的积极性就会小很多。

⟨ 四项要点 ⟩

关于谁才更容易吸引他人，并没有一个准确的定位和标准，但亲和力是其中一个必须考量的因素。在生活、工作中长期积累的人际经验也提醒我们：一个更加亲和的人，更值得别人花费一个下午的时间与之共度美好时光。

这种温和的品性通常体现在日常的语言表达上：

（1）和声细语

有些人会将一句话说成是命令，有的人则带着商量的口吻。不同的表达方式往往决定着倾听者的接受程度，也决定了彼此之间的关系。温和的话语表达了更大的尊重以及更大的沟通空间，相比那些成天板着脸大吼大叫的人，我们无疑更加喜欢那些轻声说话、和和气气地表达自己观点的人。

（2）关爱

一个具有亲和力的人，往往懂得关怀他人的生活。在他人生病的时候，他会关切地问"你吃药了没有"；在别人遇到挫折的时候，他会拍拍肩膀说"没事的，下次接着努力"；他还会时不时地关心他人的家庭情况。

那些主动关爱他人的人，个人形象会得到很大的提升，赢得别人的信赖和亲近感。在交往过程中，他们也容易找到更多更好的话题。这种情感投资为他们赢得了更多的认可，也创造了更多的社交机会。

（3）谦让

一个亲和的人绝对不会说"这件事只有我才能搞定"，也绝对不会在日常生活中大出风头。为了赢得更多的信任和支持，他必须给所有人创造一种相对舒适的语境，他通常的说法是："你一直做得很棒，我看还是让你来做比较合适。"这种谦让的说法更容易满足对方的心理，并赢得对方足够的尊重。

（4）变通

在遭遇一些让人感到为难的事情时，有的人会说"我不想任何人开先例"，或者说"这是原则问题"，这往往会造成不近人情、冷漠、死板等印象。如果换成"这一次，我能理解你的做法""我觉得你说的话也有一定的道理"，或者"我们可以再进行深入的沟通和探讨"，无疑更容易让人接受，而这一份人情账最终也会成为有效沟通的人脉投资。

想要真正实现有效的沟通，练就出色的沟通力，成为社交场合最受欢迎的万人迷，就一定要保持一个最谦和、温柔的姿态，运用自己温和的话语来打动人，吸引更多的关注。

❹

幽默之道，人人可为

有一次，一位记者在采访美国第27任总统威廉·霍华德·塔夫脱时，问了这样一句话："总统先生，请问您的体重是多少？"对一国总统提出这样的问题显然不够礼貌，大家都觉得总统肯定会很不高兴。看上去，总统对这个问题"非常不满"，他提高了嗓门，大声回答说："我不会告诉你的。"就在大家纷纷屏住呼吸替那位记者担心时，总统话锋一转："你要知道，有人也问过议长里德，他回答说，真正有教养的人的体重不应超过200磅。可我已经刷新这个记录，达到300磅了。"

这一番巧妙而幽默的回答瞬间化解了尴尬的气氛，显示出总统的幽默与风度，在场的人不禁纷纷鼓掌。

事后，一家美国媒体在报纸上对塔夫脱总统做出这样的评价："即便塔夫脱不是总统，他也一定会受到欢迎。对于一个幽默的人，我们根本没有任何理由拒绝喜欢他。"

事实的确如此，一个幽默的人往往能够更好地维护自己的人际关系，在交际圈中留下更好的印象。

上大学期间，我们选课的依据通常会是老师的性格以及讲课方式，而非他们的学识。一个学识渊博的老教授通常只会讲一些死板的理论知识，过于严肃的课堂氛围、缺乏娱乐性的讲课方式，往往会让学生感到压抑。相比之下，那些善于活跃气氛、幽默感十足的讲师则会受到更多人的欢迎。我们并非总是理性地关注他人讲话的内容，很多时候，说话的技巧和方式更容易左右我们的情绪。

在陌生的场合中，那些谈吐幽默的人总能更快更好地融入新环境。幽默能有效拉近彼此之间的距离。心理学家甚至发现，幽默有时和善良挂钩，很多人会认为谈吐幽默的人就是好人。这种信任感的建立也许并不可靠，但是幽默的人一开口说话，总能迅速令人着迷。

当然，在很多时候，我们并不能将幽默等同于搞笑。真正的幽默是一种有意义、有涵养的交流，它会打造一种相对和谐的氛围，让人回味无穷。

（1）幽默不是粗俗的笑话，它同样需要品位

将幽默等同于笑话，这完全是一种误解。幽默是一个人的个性、兴趣、意志、能力的集中体现，是语言的一种调味品。而粗俗的笑话通常只是一些缺乏营养的笑料，直接、刺激、内涵空洞，有时还会引起一些人的反感。

幽默并不是单纯依靠低级趣味的语言来取悦别人，它体现出的是一种绅士风度和非凡的品位。有人说，幽默是使绅士变得更加绅士的工具。一项调查结果表明，高达47%的欧洲人认为英国人非常幽默，众所周知，英国是盛产绅士的国家。由此可见，幽默和个人的言行举止、道德修养息息相关。

（2）不要为了搞笑而搞笑，幽默的表达要自然、从容

幽默的人总是能够找到合适的机会展示自己的语言天赋。很多时候，幽默的话都是脱口而出的，并非矫揉造作的营造。刻意制造的"笑果"和不经意间流露的"笑点"是完全不同的，刻意制造出的"笑果"不仅无法逗乐他人，反而会将交流引入某种尴尬的氛围。

❖ 四项要点 ❖

幽默的谈吐需要注意以下的技巧：

（1）必要的、得体的自嘲

很多时候，我们更习惯于拿别人开涮，这会让一部分无法领会含义的人感到尴尬。相反，成熟而巧妙地运用自嘲的方式，不仅可以活跃气氛，还可以吸引更多的好感。

伟大的作家巴尔扎克长时间处于贫困之中，小偷晚上来光顾后，他并没有大喊大叫，而是非常平静地说："亲爱的，别翻了，我白天都不能在书桌里找到钱，现在天黑了，你就更别想找到了。"通过自嘲，他巧妙地缓解了小偷的紧张情绪，双方的尴尬也得以消除。

（2）适当地进行曲解

为了制造一定的幽默效果，说话者往往会对想要表达的意思或者别人的提问进行曲解。2003年，姚明首次参加NBA全明星赛时引起了全球性的轰动，有位记者问姚明："你将来如何对待媒体的围追堵截？"姚明幽默地回答说："尽可能跑得快一些。"在这里，记者所说的"围追堵截"实际上是说媒体可能会经常采访姚明，而姚明故意曲解成大家将要"围捕"自己，他的回答让在场的记者都开怀大笑。

（3）肢体语言的配合

幽默不仅可以通过口语表达出来，为了增强幽默的效果，说话的人还可以通过更多肢体语言来进行配合。喜剧大师卓别林就是一个出色的肢体语言表达者。在无声电影时代，由于没有台词，所有的剧情都要依靠肢体语言来推进。在卓别林的电影中，许多肢体语言的表现已成为经典的电影片段，时至今日，仍呈现出喜剧电影极佳的幽默效果。

（4）乐观的态度

无论是从内容还是形式上来说，幽默实际上都能够体现出一种积极乐观的人生态度。哪怕是一些自嘲，也隐含着一种积极向上的力量。泰国商人施利华在1997年亚洲金融危机中破产，别人都为他感到难过，他却自我解嘲说："过去我一直在想，如果自己重新来过会变成什么样子。现在我破产了，很高兴我终于可以从头开始了。"这番话中虽然有一些落寞和不甘，但是也表现出了一种乐观向上的精神。

　　总之，幽默和我们日常生活中的玩笑话或者单纯的笑话还是有一定区别的，它看上去更加绅士、文雅、自然。真正的幽默并不是让人一笑了之，而是一种能够从心底打动人，甚至让人产生更多思考和联想的交流方式。

⑤

诺言比荣誉和金钱更宝贵

　　我的大学导师刘敏慧教授曾经做过一个《嘴上生花》的讲题。在这个讲题中，刘教授重点提到了一类人，那就是非常喜欢许诺于人的人。她曾做过一个调查，发现正常朋友之间的许诺率大约是30%，也就是说，在你向朋友请求帮忙的事情中，只有30%的事情会得到对方的许诺。至于其他70%的事情，有些是朋友直接拒绝的，有些是对方需要认真思考的。而对于那些嘴上生花的"朋友"来说，一切问题都不是问题，他们轻易就会给出高达90%的许诺率。

　　显然，当一个朋友几乎"有求必应，有应必诺"的时候，我们大都觉得很开心，但问题在于这90%的许诺率只是一个漂亮的幌子。刘教授发现，那些轻易就给出承诺的朋友，最后能够真正做好的事情只占不到2%，也就是说，越是轻易许诺的人越难履约。

刘教授再次询问了450多位受访者，发现在他们最憎恨的朋友类型中，喜欢轻易许诺但从不兑现的朋友排在了"最招人憎恨朋友"的第二位，仅次于"背叛了自己"的那些朋友。这个排名为那些动辄做出承诺的人提出了一个警示，过度的承诺往往会破坏自身形象。

有时候，我们习惯性地将承诺当成一种暂时应付人际关系的工具，认为只有先满足了对方的诉求才能加强自己的存在感。然而，任何一个承诺都必须是理性思维的结果，许诺之人必须认真倾听他人的诉求，合理分析自己面对的事情，然后才能真诚地告知对方是否能做好这件事。

法国心理学家皮埃尔认为，愉快交谈是人际关系的第一重升华，承诺是人际关系的第二重升华，兑现诺言是第三重升华。由此可见，承诺是人际关系中一个非常重要的方面，是关涉个人形象的重要因素，绝不能随意对待。在他看来，以下几种承诺是必须极力避免的：

不经大脑反应的承诺；

场面话的承诺；

感情用事时的承诺；

言不由衷的承诺。

事实上，很多人平时并不会对身边人做出什么承诺，但是他们总是会在私底下帮助身边人解决各种各样的问题，总是想办法满足他人的愿望。对他们而言，承诺既是最珍贵的东西，也是一种具体的社交方式，有或者没有都无关紧要，关键还是在于是否真的将别人的需求放在了心上，是否真的想要帮助别人。

美国著名的科学家和哲学家本杰明·富兰克林年轻的时候非常喜欢结交朋友，他学识渊博，能力出众，很多人也都愿意接近他，一有事情也愿意求他帮忙。富兰克林性格豪爽，总是来者不拒，每当有人上门倾诉或者求助时，他总是想也不想就说"我会帮你解决问题"。

事实上，富兰克林很少会将这些事情放在心上，他只是本能地觉得对朋友托付的事一定要答应。几年之后，当富兰克林渐渐成为当地的名人时，却发现身边的朋友越来越少了。他将这件事告诉了母亲，并认为可能是自己的身份和地位不同于以往，才导致朋友们不好意思来找他。

母亲摇摇头，递给了富兰克林一张纸，上面密密麻麻地写了很多字，倒更像一个任务清单。母亲说："这上面的都是你最近几年答应那些朋友要做到的事情，当然你可能对此一无所知了，但你的朋友应该都还记得。"

富兰克林这时候才意识到自己的错误，不禁懊悔万分，原来自己成了朋友眼中不讲信用的小人。从此以后，富兰克林开始对照着清单上的承诺，花三年时间一件件去努力完成，最终，他重新赢得了朋友的尊重。

6

高尚让话语生香

　　爱尔兰著名的语言学专家诺里斯提到过一个非常有趣的理论——"崇高话语"，在诺里斯看来，每一个人在说话的时候，应该尽量让自己或者对方变得更加高尚，哪怕是一些自嘲的话，也要尽可能表现出这种倾向。

　　事实上，这个理论起源于他的父亲。老诺里斯是一位龙套演员，在三十几年的电影生涯中从未出演过任何重要角色，永远是一个每次出场时间只有几分钟的龙套。但是，他每次在别人面前做自我介绍的时候，都会说："**我在这个舞台上工作了三十多年，我是一个为爱尔兰的电影艺术奉献了三十多年的电影工作者。**"

　　翻开爱尔兰的电影史，诺里斯的父亲根本没

有什么名气。诺里斯无法忍受父亲这种没来由的骄傲，建议父亲应该保持低调，应该"实话实说"，但父亲说："**没有人是小角色，除非你是这样看待自己的，我们为什么不能想办法让自己变得更加高尚一些呢？我想这于人于己都很不错。**"

后来，父亲去世了，很多社会名流前来吊唁这位没有任何名气的老演员。从他们的言谈中，诺里斯听到了很多有关父亲的正面评价，他们都认为老诺里斯是一个为电影做出贡献的人。有个导演这样告诉诺里斯："**你的父亲始终说'我是一个兢兢业业的电影工作者'，这是他一生中最完美的台词。**"

诺里斯这才意识到自己误解了父亲，并且提出了自己的"崇高话语"理论。这套理论是为了鼓励更多的人在社交场合将自己的形象变得崇高。这并非吹嘘和夸大其词，而是通过另外一种更加体面的方式来展示自己的魅力，提升自己的存在感和价值。

很多人都希望自己变得更加受人欢迎，获得崇高的地位，但在很多时候，这些尊重并非完全由个人的社会地位和工作成就来决定。个人的言谈举止同样会影响到自身的形象与地位。一个上层的成功人士如果说话粗鲁不堪，就可能会被认为是一个缺乏教养的人；反过来说，一个生活在社会最底层的劳动者，如果言谈优雅，且善于表现出高尚的一面，那么他在别人眼中就会是一个高尚的人。

把话说得更加高尚一些，不仅对个人形象的提升有很大的帮助，还能够有效提升个人的说服力。那么，对于一般人来说，该如何让自己的话听起来更加高尚呢？最关键的就是对自己所处的环境进行适当地转化和美化。在这些美化材料中，最简单的就是个人的工作和理想。

每个人都有理想和目标，对于它们的定位往往关乎个人的水平和层次。据说，乔布斯曾经想在几个技术主管中寻找一个总工程师来负责iPhone手机的研发。这几个人都是技术派的代表人物，实力相当，因此他很难从中做出选择。有一天，他将这几个人叫到办公室，挨个儿询问他们有什么理想。

第一个人告诉乔布斯，他想要生产出一款与任何手机都不同的手机。

第二个人告诉乔布斯，他的理想是打造一款畅销全球的手机，让苹果手机开始被大众所熟悉。

第三、第四、第五个人也都讲述了自己的理想，大意都是打造一款与众不同且具有强大竞争力的新手机。

第六个人这样告诉乔布斯："*让我们一起改变世界，改变这个行业的游戏规则吧！*"

听完他的话之后，乔布斯当即决定选择他为总工程师，全面负责 iPhone 手机新技术的研发。

除了美化个人的工作和理想之外，说话者的态度同样很重要。高尚的人往往出语优雅，态度平和，不会大声说话，也不会乱吐脏字，很多时候，他们会对生活中发生的事情保持宽容的态度。比如，有个职员和客户谈生意，只谈论了五分钟，对方就表示不想合作了。此时，这个职员站起来握住对方的手，非常优雅地说："您是这个月来唯一一个愿意和我们说上五分钟的人，所以还是应该谢谢您。"对方听完后受到感动，于是改变了想法，继续坐下来和这个职员详谈，最后与这个职员达成了合作意向。

这就是优雅在高尚化语言中的作用。美化自己是表现自我的一种方式，无论是说话者适当美化人生，还是运用优雅的语言包装自己，本质上都是为了确保自己能够以最好的形象示人。

❼ 开口说得巧，一句顶万句

加拿大的维斯尔斯公司对员工有一个硬性规定，那就是一定要对客户说好第一句话："在开口之后，必须给客户留下最好的印象。""股神"巴菲特曾说："如果一开口没有办法让别人觉得很舒服，那么生意将会变得很艰难。""船王"包玉刚也一直倡导要说好第一句话，因为"没人会等你把好话放到最后来说"。那些懂得说话的人，往往非常善于包装自己的第一句话，利用第一句话的优势来达成更好的交流效果。

美国心理学家洛钦斯提出过一个理论——首因效应，即第一印象作用，主要是指个体在社会认知过程中，通过第一印象的信息对客体以后的认知产生的影响作用。他强调了一个基本的观点：

一定要在别人面前打造好第一印象，因为这会直接影响别人对自己的看法。

事实上，第一印象往往和个人的外在形象、言谈举止有关。尤其是言谈方面，一个人一开口说话，别人往往就会通过说话的方式来初步判断这个人的性格、学识、修养、能力。正因如此，说话的时候一定要懂得运用首因效应来打造更好的个人形象，在第一时间就给对方打造一个更为舒适的交流环境。

著名企业家艾柯卡从福特公司辞职后，接受了克莱斯勒公司的邀请，出任总裁一职。那时候，克莱斯勒公司已濒临破产，公司连续换了好几任总裁，依然于事无补。艾柯卡发现，那些前任总裁都有一个共同点——每次接受任命后，便直接开会指出公司内部的问题，宣布公司准备改革。这种下马威式的开场白让公司里的管理者和老员工难以接受，在被开除的"危机感"的引导下，他们纷纷与新上任的总裁作对，直到对方知难而退，离开公司。

因此，艾柯卡上任后，先是在私底下会见了公司里的管理者和职工代表。他说："今天，作为一个新人，我很荣幸自己能够站在这儿。尽管企业现在有一些困难，但是我相信大家一定可以共渡难关，我需要获得你们每一个人的帮助……"

这番话既表明了艾柯卡是一个平易近人的领导，又表明
了他并没有开除员工的打算，在大家心中留下了一个很好的
印象。同时，这些话也为艾柯卡的新工作开了一个好头，为
他最终带领克莱斯勒公司走出低谷奠定了基础。

⟨ 三项要点 ⟩

在我们想方设法地丰富说话的内容、使用各种技巧来包
装话语时，千万不要忽略了对开头几句话进行更合理的组织
和修饰。关于这一点，著名的人际关系学专家汤余斌教授提
出了以下几条参考原则：

（1）要展现出自己积极的状态

简单来说，当我们说出一句话的时候，应该意识到这句
话可能会反映个人的修养、能力水平和精神状态。为了给别
人留下好的印象，第一句话可以适当使用一些修饰词来提升
语言的美感，尽量表现出较好的状态。

（2）要考虑"这句话可能会带来什么后果"

这是指说话者必须慎重选择自己的语言，开口之前要想一想第一句话会不会造成不良的结果。因此，第一句话可以选择一些更容易产生积极效果的内容，如赞美或者别人感兴趣的一些话题。

（3）要确保这句话能够吸引别人，必须在第一时间吸引别人的注意力

因此在说出第一句话时，最好想办法增加一些有趣的、另类的元素，从而促进谈话的开展，如幽默的表达，或者选择一个与众不同的切入点和谈话方式。

第一句话是整个谈话内容的门面，应得到格外的重视。在开口说话之前，我们可以按照汤教授的方法对自己即将说出来的话进行审视、重新组织，这样就可以让自己的第一句话变得更有魅力，并为接下来的谈话奠定良好的基础。

第七章

慧心妙语：说话是一种人生境界

1

聪明人更要会说糊涂话

"二战"结束后，苏联和美国一直针锋相对，为了进一步确定各自的利益、明确界限，双方决定进行谈判。在谈判桌上，苏联领导人赫鲁晓夫始终咄咄逼人，言语十分霸气，而美国总统艾森豪威尔在面对赫鲁晓夫的提问时，却显得迟钝和犹豫，看上去就像一个什么也不懂的新手。

艾森豪威尔的表现让赫鲁晓夫非常开心，他认为对方完全不是自己的对手，自己的外交能力非常出色。因此，整个谈判过程中，他没有和苏联的谈判专家有过任何交流，完全是自作主张。最终，看似非常木讷、迟钝的艾森豪威尔在协议上没有犯下任何错误，而聪明自大的赫鲁晓夫由于自作主张，频频出错，导致苏联的利益受到了严重的损害。

通过一些看似糊涂的表现，艾森豪威尔成功制造出一种假象，让赫鲁晓夫放松了戒备。当双方进行交谈的时候，每一方都希望自己的观点能够得到他人的认可，说得自私一些，希望自己的观点可以具备一些压倒性的优势。这样一来，我们在期待自己的想法可以赢得认可的同时，也自私地希望他人的想法比自己的逊色。

因此，对于聪明的人来说，他们会适当隐藏自己的锋芒，不会让人觉得自己的话语多么绝妙。为了做到这一点，他们有时候会刻意说错话，留下一些明显的漏洞，或者刻意将自己说得一文不值。所以，在前面提到的事件中，艾森豪威尔更喜欢展示出自己"愚蠢"的那一面，他的目的就是麻痹对手。

与喜欢直来直往的西方人相比，艾森豪威尔的表达方式更具有东方人的智慧，无意中印证了明代画家郑板桥曾经提到的"难得糊涂"四个字："聪明难，糊涂难，由聪明转入糊涂更难。"在郑板桥看来，一个真正聪明的人，一般不会轻易说一些聪明的话，反而会在谈吐中处处展示出笨拙、糊涂的一面。

这是对聪明人的一个新界定。想要看看自己是否真的足够聪明，也许应该想一想自己是不是说了一些自以为聪明、实际上却不那么明智的话。那么，我们是否又过以下的表现呢？

是否经常抢着要比别人说得更加漂亮、更加得体？

是否喜欢对其他人的表达指指点点？

是否经常会不自觉地给别人提建议或者提意见？

是否经常会习惯性地说"我认为""我觉得"？

是否经常性地忽视他人的想法或者建议？

多数人认为自己说的聪明话越多，就越讨人喜欢，其实，在很多时候，说出那些自以为漂亮和聪明的话可能会招来一些麻烦。真正的聪明应该会适时地掩饰，而不是刻意张扬。那些巴不得扯着嗓门让全世界都知道自己足够优秀的人，往往不够聪明。

⟨ 四项要点 ⟩

聪明和糊涂是相对的，但也相辅相成。聪明人往往需要借助一些"糊涂话"来掩饰自己的聪明，这是说话艺术的一个重要体现。常见的"糊涂话"往往有以下几种：

（1）适当进行自我贬损

在社交场合，多数人都乐于将自己包装一番，用最好的话来提升自己的档次，好让对方相信自己就是最棒、最优秀的。但是，"木秀于林，风必摧之"，过于优秀的表现可能会引起他人的嫉妒和仇视。因此，比较聪明的做法就是适时地自我贬损，尽量在人前说一些自己的不足，以便为自己营造一个相对安全的环境。

（2）赞美他人，主动求教

如果某个颇有学识的人想与一位素未谋面的老教授说上几句话，他应该怎么做？是直接发挥特长在老教授面前展示一番，还是低调处事，主动向对方求教？显然，后一种做法更容易赢得好感。即便这个人能力很强，也应该做到明知故问，要懂得称赞对方渊博的学识和非凡的见识，并且谦虚求教。"我早就想来拜访您了，希望您能帮我解决一些疑惑。"或者说："我早就听说您的大名，就怕自己才疏学浅，让您见笑了。"无论如何，那些谦卑的聪明人，总是更受欢迎。

（3）适当展示自己的无知

当一个人能够滴水不漏地讲话，或者将所有的东西说得头头是道时，别人可能会因为他缜密的心思而心生防备。尤其是在职场上，那些说话很少有破绽的人不应当沾沾自喜，看起来越是完美的东西，越容易招致他人的关注。在很多时候，说话者应该适当展示自己无知的一面，要懂得揣着明白装糊涂，无论别人问什么，不妨故作疑惑地说"不知道"，无论别人谈论什么，也不妨故作疑惑地回应"这是为什么啊"。

（4）不要忘了让自己说错话

在很多场合下，故意说错话是有必要的。这种不是很慎重的表现会让他人对我们放松戒心。竞争者常常会关注我们的一举一动，如果我们的话语中毫无漏洞，一定会引起对方十分的重视。适当地说一些错话，会有效地使对方放松防备之心，这样就能够为我们创造更大的生存空间。

为人处事要懂得藏拙，要懂得适时地掩饰自己的聪明，而说话恰恰是达成这种效果的绝好方式。

❷

柔婉的话，才最具说服力

世界首富比尔·盖茨在结婚之前有一位红颜知己——温布莱德，两个人的感情非常好。婚后，盖茨直接对妻子梅琳达提出了一个略显无理的要求：他每年要花费一个星期和自己的"红颜知己"待在一起。对于一个新婚妻子来说，这样的要求简直就是耻辱，但令人出乎意料的是，梅琳达非常冷静地说："我同意。"这让盖茨在意外之余也有了一丝愧疚。

温布莱德是一个漂亮的女人，早在盖茨从事计算机软件开发期间，两个人就认识且同居了，这种关系对梅琳达来说绝对是一个威胁。朋友们都认为梅琳达应该找上门去，警告她远离自己的丈夫。事实上，梅琳达确实找到了温布莱德，但她告诉对方："我已经知道你和盖茨的事，如果你们确实相爱，我愿意退出！"这样柔婉的话，让温布莱德也不忍心继续伤害眼前的女人，主动和盖茨提出了分手。依靠柔婉表态，聪明的梅琳达重新赢得了盖茨的爱和尊重。

柔和是提升语言魅力和说服力的一大要素。在很多时候，柔婉的话语要比直接的表达更容易让人接受，它通常不会给倾听者施加太大的压力，更容易形成潜移默化的影响。

老子说上善若水，水至善至柔。一个聪明的沟通者应该像水一样展示出最柔和的一面，他必须懂得如何以一种柔婉的语气与人交谈，懂得如何运用更为柔和的手段来缓和双方的矛盾。在日常生活中，很多时候都需要运用柔和的交际手腕来解决问题。例如，用温柔的话语进行沟通，夫妻之间在处理矛盾的时候就会更加顺畅；老师用柔和的声音教育学生，错误往往就可以得到及时的修正。

在现实生活中，很多公司之所以会选择聘用女性作为公关，也是因为女性自身的柔婉。在与客户公司对接时，公关人员的形象和品质是非常重要的，女性情感上的细腻、为人处事方面的亲和力与感染力，都使她们在社交活动中更容易被人接受。

　　在东方文化中，柔是一个富有内涵的概念，也是一个核心概念，"以柔克刚""刚柔并济"，这都是柔的重要表现。说一些柔婉的话，并不意味着示弱，它是一种规避风险的好方法。对于说话者而言，以柔和的姿态面对具有冲突性的问题，是一种艺术，倾听者也更愿意接受这种氛围的交流。

❮ 三项要点 ❯

　　那么如何才能把话说得更柔一些呢？

（1）淡化双方的分歧

　　冲突的根源是分歧。一旦双方存在分歧，就有可能扩展为矛盾冲突。因此，说话者应该尽量避免提起双方之间的分歧，避免出现立场的对立，在谈话中注意淡化彼此间的矛盾。

　　比如，丈夫喜欢吃中餐，妻子喜欢吃西餐，为了说服妻子去吃中餐，丈夫该怎么做？直接告诉对方："西餐有什么好吃的，还是吃中餐吧。"这样等于将分歧放到台面上来说，妻子难免会据理力争，这顿饭必定会被中西之争搅黄。如果丈夫说得委婉一些："西餐也不错，不过我今天很想有人陪我吃中餐，要不咱们下次再一起去吃西餐，怎么样？"听到这番话后，妻子往往会心软。

（2）避免肯定性的、强硬的语气

所谓的柔和，实际上是一种弹性的表达，让对方有条件、有余地去做出选择，这往往有助于达成自己的目的。想做到弹性的表达，就要在谈话中少说一些绝对的、肯定的、强硬的措辞。"你必须这么做""我不会同意的""这事儿没得商量"之类的话很容易破坏氛围，让双方之间的分歧和矛盾迅速升级。

大多数的争吵往往是因为双方的态度比较强硬。如果交谈双方缺乏灵活的策略，一味强硬，只会让小矛盾演变成大冲突。如果有一方愿意做一些妥协，将话说得委婉柔和一些，就可以给予对方更大的商榷空间。

（3）旁敲侧击的暗示

很多人喜欢针对某些问题和矛盾直接发言。由于缺乏必要的铺垫和缓和，这种表达方式往往让很多人难以接受，双方之间的焦点也就很容易集中在矛盾上。一个聪明的人懂得采取一些更加隐晦的方式进行旁敲侧击。有时，一个简单的提醒或暗示，效果往往会更好。

❸

君子气度，有理也要退三分

功夫巨星李连杰最初去好莱坞拍电影时，电影公司只愿意给这位红遍东南亚的电影明星100万美元的片酬，而且是扮演一个反派角色。这让李连杰的经纪团队难以接受，不过李连杰却觉得没有什么，在他看来，自己作为新人，并没有太多的话语权，只有暂时退让。

等到李连杰同意出演影片后，对方又开始降价，这一次片酬变成了75万美元。李连杰还是坦然接受了报价。可是，狡猾的电影公司进行了第二次降价，片酬变成了50万美元，李连杰仍旧保持平和的心态说："谢谢你们的邀请，我愿意接受这样的报价。"

很多人都替李连杰感到不值。电影开拍后，

外国影迷对李连杰扮演的角色评价非常高，他第一次在好莱坞拍电影就获得了成功。电影公司意识到了李连杰的价值，准备邀请他出演新电影，这个时候，李连杰将片酬提到了1700万美元，电影公司的老板只能接受他的报价。

这种做法就是"以退为进"。在社交场合中，以退为进往往能起重要的作用，正如美国社会问题研究院的学者阿姆斯特朗·乔普在自己的著作《伟大的谎言》中提到的："我们试图通过不妥协、不示弱的方法来给予对方语言上的压迫，这并非总是有效的。应该保持一点退让的姿态，让别人说出他们想要说的。这样做并不是为了投降与撤退，而是为自己的出击创造更大的战略空间。在某些时候，我们应该假装接受对方的提议，并在适当的时机发动反击。"

奥地利心理学家杜尔认为，人们通常具有一种言语妥协的恐惧症，他们害怕道歉，害怕做出妥协，害怕承认别人比自己做得更出色，尽管他们心里并不认可自己的做法，但是仍旧会在言语上保持攻击性，以确保最基本的尊严。可事实上，言语的犀利和不妥协并不能让我们始终保持前进的态势，有时候只有适当地保持迂回曲折的进攻路线，才能够更好地减少障碍，顺利接近目标。

交流的目的往往是说服对方。有时候，直接说服对方比较困难，不妨采取"将计就计"的策略，先在表面上迎合对方的观点，实际上却想办法找出破绽，让对方陷入自我矛盾的尴尬处境。

例如，苏联和中国的边界线很长，双方存在很大的边界和领土争议。在一次边界谈判中，苏联的谈判专家突然提到了中国长城，并询问中方谈判人员："你们中国的边界在哪里？不就在长城一线吗？长城是干什么的？难道不是边防工事吗？"

中方的谈判人员了解对方的想法，知道对方一定想要按照边防工事（长城）来划定界限。这样无疑会让中国吃亏，毕竟长城以外的很多领土也是中国的。他顺着对方的话，提了一个问题："**看起来，贵国愿意按照边防工事这种界限来确定边界咯？**"

看到中方人员落入自己的语言陷阱，苏联的谈判人员连忙点头同意。可是没等他们反应过来，中方人员又说："**我们中国修万里长城时，你们苏联的边防工事在哪里呢？你们的莫斯科直到20世纪才筑城堡——那也是防御工事。这样，我们可以吃点亏，让你们把边界就定在那里吧！**"

苏联起初还觉得自己占据上风，听到中方的话后，却再也说不出话来。

卡耐基说过："和无礼的人交流，你得先要承认他，才会有机会去说服他。"在卡耐基看来，说服无理取闹的人，最好的方式就是先赞美和认可他的某些观点，赢得对方的信任，紧接着才能够慢慢找出对方的错误并加以更正。

事实上，这句话对于其他人同样适用。在日常交流中，如果一上来就处处否定别人的观点，对方一定会产生反感和抵触情绪，自然也会不满我们的谈话。只有先在言语上做出让步，肯定对方的某些观点和想法，才能使对方放松防备，这时我们就可以逐步说出自己的理由，并且慢慢影响对方的判断和选择。

《影响人类的行为》一书中说过，当一个人说"不"时，赌上的可能是他所有的人格尊严，这会要求他将自己的立场坚持到底。即便他事后意识到自己的言论是不合理的，可是在宝贵的自尊心面前，他不可能撤销之前的言论，只会变得越来越激进，变得越来越具有攻击性。

因此，有些时候如果想说服对方听从自己的想法和意见，最好不要直接说出自己的想法，或者直接去否定别人，而应该懂得后退一步，先做出一个妥协的姿态，给对方一些发挥的空间，之后才能有针对性地做出调整和修正，慢慢引出自己的观点，逐步达到说服他人的目的。

④

说反话也是一门艺术

在《三国演义》中，公元208年，刘备在樊城大败于曹军，元气大伤。此时，刘备唯一的出路就是与东吴联手对抗曹军，然而东吴会甘心冒着亡国的危险来对抗曹操吗？这不仅是刘备疑惑的问题，也是东吴境内矛盾争论的焦点，就连孙权自己也拿不定主意。

此时，诸葛亮作为使臣和说客去游说孙权。诸葛亮明白，孙权对刘备非常忌惮，如果明说联手之事，恐怕会直接遭到拒绝，因此他没有正面提出联合抗曹的建议，而是说了反话，建议孙权放弃抵抗，向曹操投降。曹操有百万军队，如果挥师南下，东吴绝对抵挡不住，因此不如求和，以保住江东基业。等曹操称帝后，可以将江东作为封赏赏赐给孙权。

刘备数万残兵尚且抗曹，东吴拥有精兵十万，又怎么能够轻易投降呢？诸葛亮的反话激起了孙权的自尊心，他否决了诸葛亮的建议，同意联合刘备抗曹。虽然从当时的大环境来看，联合刘备的确是大势所趋，但是诸葛亮的反话也起到了不小的作用。

美国著名心理学家查尔斯·韦伯曾经做过一项关于"说反话"的研究。这项研究基于人与人之间存在的对抗性。简单来说，人与人之间最初的模式大都是相互对抗的（这是个人自我保护意识的一种直观反映），彼此之间的交流中存在一种本能的不信任，一方做出某一种表态时，另一方可能会迅速提出不同的观点，因此直接进行交流可能会带来一定的障碍。

交流的目的就是消除和抑制这种排斥力。对于很多陌生甚至是相互对立的人来说，这种排斥力更为明显，常规的交流和劝说往往会引起对方的防备心。当对立情绪比较严重的时候，说反话更有说服力。

正面劝说往往带有一定的强制性，说反话则更加注重暗示。因此，说反话的人应该采取逐步递进的原则，将反话一步步说到点子上，让对方意识到自己犯下了多大的错误，而说话的人所要做的，是一步步引出这些错误，并将其慢慢放大。

说反话的模式和顺序通常是这样的：假装迎合—深度剖析—引出问题—放大错误。

假装迎合的前提是察言观色，即通过观察对方的一举一动来了解对方的真实想法，掌握对方内心的矛盾。然后可以主动迎合对方的想法，避免对方的排斥和不信任。假装迎合实际上为双方之间的交流定下了一个基调，避免交流因双方彼此抵触而中断。

深度剖析是指顺着反话的内容进行解读，这里看重的是推理的过程。说话者在迎合对方内心的想法或者观点时，还必须对这些想法进行推演。简单来说，就是帮助对方寻找更多更好的理由，只不过这些所谓的理由通常存在一些"陷阱"。

引出问题是制造对方话语前后矛盾的关键步骤，让对方发现内心想法与现实的矛盾，从而动摇对方的观念。说话者通过深度剖析引出潜在的问题，而这些问题往往是对方事先并没有意识到的。

放大错误是对引出的问题进行延伸和渲染，扩大错误的影响力，从而进一步引导对方放弃错误的理念。这里往往存在一个逻辑递进的关系。比如，诸葛亮从建议孙权投降曹操说到了曹操称帝后封赏江东的问题，这实际上触及了孙权最核心的利益，因此很快引起了孙权的警觉。

需要注意的是，在整个表达的过程中，说话者必须尽量保持自然与真诚，这样才能够产生更好的效果。否则，对方会认为这番话是讽刺或挖苦，抵触情绪更盛。只有尽量表现得从容不迫，尽量消除太多迎合对方的痕迹，才能将反话说回正轨。

其实，语言的魅力丰富无穷，交流的方式也是千变万化，与人交流并没有一种特定的模式。说反话是一种避免摩擦和矛盾的重要方式，它讲究的是彻底的委婉、欲擒故纵，其说服力往往体现在话语的后半段，而且这种说服力随着交流的进行会不断增强。说反话是一种有效的纠错机制，其说服的效果往往强于正面的劝说与争辩。

5

出语留余地，七分给自己

在 17 世纪以前，欧洲人普遍认为天鹅都是白色的，不会再有其他的颜色。有个探险家不相信这个观点，他认为在欧洲人走遍世界之前最好不要说这样的话。这让一个科学家感到不满，他觉得探险家不该质疑学术界统一的观点。因此，两人打了一个赌：如果世界上还有其他颜色的天鹅存在，这个科学家就永远离开欧洲，不再回去，相反，一旦所有的天鹅都是白色的，这个探险家也将彻底离开欧洲。

不久之后，欧洲人发现了大洋洲，并且陆陆续续地前去探索这片神秘的大陆。他们发现了一个令人难以置信的真相，那就是澳大利亚存在很多黑色的天鹅。当初那个坚称天鹅只有白色的科学家只能愿赌服输，离开了欧洲。

黑天鹅事件其实证明了一点，即任何事物都可能存在例外。因此，不要把事情看得太过绝对，凡事都要给自己留下一些足以回旋的余地。会说话的人善于把握好分寸，知道自己什么时候该说什么话、该说到什么分上，而不是一次性就把话说满。言不可说尽，责不可苛尽，才不能傲尽，功不可邀尽，理不能抢尽。为人处世一定要懂得留有余地，千万不能做得太满、太绝。

很多人在说话的过程中喜欢绝对化。比如，双方在为某件事或者某个观点进行争论的时候，有人可能会这样说："如果出现了新的可能，我以后就再也不……""我的观点一定是正确的，如果错了，我甘愿……"这些绝对的语气往往会让说话者陷入危险的境地，因为一旦他们发现自己说过的话违背了事实，就很可能在交流中完全溃败。

此外，很多过于绝对的话容易将谈话的对象推入尴尬的境地，由于把话说得太满，导致双方退无可退，只能保持剑拔弩张的敌对状态。一旦这种矛盾不可调和，彼此之间就只能继续对抗下去，没有转圜的空间。

我们有时候会这样对别人说："我已经拿定主意了，不可能有什么改变。""那个方案就这么定了。""这栋房子就是一口价100万，少一分我也不卖。""如果不能给我15%的分成，这次合作就免谈。"尽管我们自以为可以通过施加压力来掌握更多的主动权，却不曾想过，一旦对方的选择权受到过度压缩，沟通会陷入死角，对方最终可能会忍痛拒绝进一步沟通和协商，这样对双方都是有害无利的。

正因为如此，话一定不能说满了，不能够说绝了，要为自己留有后路，也要为别人留有三分余地，这样双方才会有更多的话语空间和交际手段来处理分歧，确保沟通能够顺畅进行。

‹ 四项要点 ›

（1）避免太过绝对和肯定的描述

通常情况下，说话太满的表现是话语中出现一些绝对化的词汇和句子，比如，"唯一""必须""一定""只有""绝无"等。这些词往往会让整个句子变得缺乏灵活性和弹性，双方很容易将话说死、说绝，从而导致矛盾的激化。

（2）多用一些商量的语气

避免把话说得太满的一个方法就是，让别人拥有适当发挥的空间和回旋的余地。因此，说话者应该多说一些"你觉得""你认为""你有什么想法"之类的话，让对方可以说出自己想说的东西。这实际上是一种妥协的姿态，可以避免双方陷入无话可说的尴尬境地。

（3）给下次交流留下机会

当交流陷入困境的时候，感情用事是最无脑的表现，很多人会撂下狠话："既然谈不拢，就没有再聊下去的必要了。"这无疑会让之前所有的努力付诸东流。应该保留继续协商的可能性，告诉对方尽管这一次没有谈拢，但下一次可以继续尝试。这样不仅不会使这一次的失败显得太过尴尬，还为双方的进一步交流创造了条件，而双方正好利用这段时间想一想自己该做些什么。

（4）提醒对方"问题是可以得到合理解决的"

通常情况下，一旦交流的一方觉得彼此之间失去了共同语言，很难找到和解的方案，就可能会断绝继续交流的可能性。此时，为了避免陷入无路可走的困境，一方可以提醒另一方"我仍然觉得问题是可以得到合理解决的"。这种乐观的表态会给对方发送一个积极的信号，从而避免双方在缠斗中越陷越深。

　　《菜根谭》上说："路径窄处，留一步与人行；滋味浓时，减三分让人尝。"为人处事要懂得给人留三分空间，说话也是一样，不要认为自己有理就把话说得太绝。其实适当给别人一些更多的选择，有助于双方更好地化解彼此之间的分歧和矛盾，而这也恰恰是沟通的核心所在。

❻

说话是个人风格的自我展示

　　每一个伟大的作家都拥有自己独特的风格，这种独特的风格往往是他获得成功的一个关键因素。如果他只是模仿别人的风格，按照别人的模式去写作，势必无法获得读者的认可。说话也是如此，话语之所以能够吸引到别人的关注，不仅仅在于对语言的精确组织，往往还在于说话者的个人魅力。

　　一个真正懂得说话的人，不仅专注于如何把话说得更漂亮，更让人舒服，还会采用不一样的说话方式，形成自己独有的说话风格。这种风格是指交际过程中逐步形成的稳定的、鲜明的具有个人特色的表达方法，以及其中展现出的一种个性十足的格调。

在五四运动时期，很多大学都会邀请一些文化名人讲学，而这些讲学者的说话风格总是自成一派。陈独秀、李大钊是慷慨激昂的演说者，说话铿锵有力，感情充沛，具有很强的感染力；徐志摩说话的时候，比较生动活泼，表情丰富，动作也配合到位；章太炎讲课时表情严肃，举止得体，就像古私塾的教书先生一样；著名的散文家周作人为人比较木讷，在台上容易紧张，而且讲课时情绪变化不大，没有什么太多的感情，还带有很浓重的浙江口音，让人听着有些模糊，但是他同样吸引了大批学生来听课。

演说家尼克·胡哲说过：*"世界上那些最顶尖的演说者之所以能够获得成功，并不在于他们的语言组织能力多么出色，不在于他们的思维多么敏捷，也不在于他们的学识多么渊博，而在于他们总是能够做到与众不同，他们拥有最鲜明的说话风格。"*

正是因为他们拥有自己的风格和特色，而不是盲目地效仿别人，才能够利用自己的独特魅力获得更多的关注。

在日常的交流中也是一样。有些人说话时逻辑比较混乱，说话速度缓慢，仍然有人愿意与之交流；有的人说话很平实，没什么感情，但还是能吸引到很多的倾听者。也许，他们在语言组织和表达上存在一定的缺陷，但与此同时，他们可能在某些方面具备鲜明的个人特色，比如，为人幽默，说话的声音悦耳，或者说话的节奏与别人不同，能带给人新奇感。

很多人喜欢模仿成功人士说话的方式，认为那是展示魅力的捷径。事实上，模仿是一种低级、拙劣的表达方式。由于每个人的先天条件不同，模仿者往往容易弄巧成拙。每个人都有适合自己的表达方式，应该想办法打造属于自己的表达方式和话语风格，这才是突出自身形象、提升个人魅力的有效方式。

个人的话语风格是一个非常宽泛的话题，涉及声音、语速、口音、措辞、停顿、音调变化、说话的节奏控制、表达的方式以及肢体语言的配合等。

其中，个人的声音是形成个人话语风格的一个重要元素。声音相当于一张个人名片，一段相同的内容用不同的声音说出来，效果会不一样。拥有好听的或者有特点的声音，无疑会为自己的口才加分。英国戏剧演员乔治·安达曾被认为是说话声音最让人着迷的人，因为他的声音很柔和、舒缓，就像抒情诗一样。尽管实际上他并不善于交际，但他说话的声音足以打动任何人。

除了声音之外，音量、语速、音调变化也是打造话语风格需要注意的重要因素。那些说话有特点的人，往往会从这几个方面入手，组合出一种与其他人不同的表达方式。马龙·白兰度是好莱坞鼎鼎大名的演员，在电影《教父》中，他成功运用沙哑的声音、怪异的语调以及舒缓的节奏，塑造出了一个高高在上的黑帮教父形象，使他成为电影史上特色鲜明的演员。

此外，不同的表达方式往往也能展示不同的风格，有的人喜欢推理，有的人强于辩证，有的人喜欢对比，有的人热衷修辞，有的人喜欢表现出丰富的肢体语言，有的人说话讲究简洁明快。展示风格的方法很多，不同的人应该按照适合自身特点的方式来包装自己的话语。

需要注意的是，个人的说话风格是在慢慢摸索中形成的，应该保持稳定，不能过于频繁地变化，否则个人话语的辨识度会逐渐模糊。只有一个相对稳定的风格，才能真正凸显个人独一无二的气质和精神面貌。

7

舌灿莲花不如言简情真

　　有一次，我应邀参加一个有关防止网络游戏对未成年人身心伤害的活动。为了增强活动的效果，主办方还邀请了一些演说者现场说法。第一个发言的人演说词非常华丽，富有节奏感和韵律感，甚至让人觉得那就是一篇优美的散文诗。从当天的气氛中，我能够感受到多数人都为之着迷。也许这是我听过的最好的演讲之一，这一番不长的演说赢得了大家热烈的掌声。

　　第二个上台演讲的是一位女性，看上去非常普通，说出来的话当然也朴素得很。她讲的是她的孩子患网瘾时的一些遭遇，内容平淡无奇。也许是因为她和第一位演说者存在太大的差距，听众似乎也没有什么兴致，尽管我认真听完了这些话，但内心依然平静。

可是回家之后，我发现情况发生了一些变化。第一个人那番演讲的确让人听了很舒服，但在第二天晚上，我几乎忘记了那人说过什么内容。相反，那位妇女朴实的话语却开始在我的心中久久萦绕。我一次次去回想她所说的那些话，每一个句子都击打着我的心，我甚至开始设想，如果自己的孩子也患上了网瘾，我该怎么办？在那个星期，我都被一种忧伤的情绪所困扰，而且那种情绪不断加重。

这一次的经历，使我对语言表述的看法发生了一些改变。在这之前，我自己也是一个不错的演说者，无论是在大学期间还是在公司里，我都有足够的自信通过语言表达去吸引他人的关注。但在听到那位母亲的话后，我才意识到自己平时所说的那些华丽的句子是多么无力与苍白。尽管那些朴实的话算不得优美动听，但却是实实在在、深入人心的。

被誉为"阿根廷国母"的艾薇塔在丈夫贝隆被反动派囚禁期间，四处奔走演讲，她没有过多地修饰自己的话，而是非常有感情地说了这样一番话："你们的苦楚，我尝试过；你们的贫困，我经历过。贝隆救过我，也会救你们；贝隆会支持穷人，爱护穷人，如果不是这样，他怎么会对我宠爱有加？"

这一番质朴的言论迅速引起了底层民众的共鸣，最终引发了全国性的示威游行活动。

这里涉及一个问题，那就是我们该如何说话，是更多地运用技巧和修饰还是更多地依靠平实的语言和感情来推动表达。对于这种选择，每个人都会有自己的想法，需要注意的是，说话的最终目的是让别人更好地接受自己的观点，更好地说服别人，只要达到了这个目的，那就是成功的。

北京大学的社会学家朱明教授认为，最佳的说话方式就是在运用修饰的同时，尽量保持说话者的原汁原味。在朱教授看来，修饰只是一种技巧，一种辅助手段，虽然它可以提升说话的效率和影响力，但是过多的修饰会破坏语言原有的魅力。相比之下，那些没有太多修饰的话比那些纯粹依靠技巧和华丽词汇堆积起来的句子更能打动人心。因为情感是无法通过技巧来展示或者强化的，它往往通过最平凡的语言表现出来。

返璞归真，是说话的一个境界。很多演说大师在讲话的时候，不会刻意运用太多的修饰和太多华丽的辞藻，他们更加注重的是基本的道理与感情。比如，世界推销大师霍普金斯就认为"一段很优美的话固然能够让人感到美的享受，但是说服不了任何人来购买你的东西"。在他看来，真正具有说服力的话应该摒弃多数不必要的修饰，重点突出语言本身的价值和魅力。

英国著名的演说家卡恩·佩尼从小就喜欢演讲，经常在学校里发表讲话，大家都觉得卡恩已经成了出色的演说家，但是父亲认为他的话华而不实，缺乏真正打动人心的特质。听了父亲的话，卡恩·佩尼开始注重说话的平实与自然，去掉多余的修饰，他的话显得自然流畅多了，而且情感真挚，意蕴十足。经过十几年的锻炼，他从出色的演说者转变为顶级的演说大师。有一次，他在白金汉宫外进行公益性的演讲，那些没有太多包装的话深深地打动了听众，就连英国女王也认为这是世界上最自然、最真实的声音，而英国的BBC则夸张地赞美他的声音在当天打动了全世界数十亿人。

◈ 三项要点 ◈

一个真正想要说好话的人，不应该完全被技巧和外在的形式所迷惑，他们需要从语言的本质上入手，这也是很多优秀演说家都在探讨的问题，即如何保障自己的话不会被太多的技巧所束缚。

（1）简单、直接

有时，在一句话中加入各种各样的元素和技巧后，语言自身的含义反而变得模糊，影响了内在的感情色彩和基本理念的传达。其实，想要让自己的话语更加直接动人、深入人心，最重要的就是确保话语简单、直接，更加简明地表达语意，有助于提升话语的煽动力。

（2）以情动人

情感是增强感染力的第一要素。因此，说话者需要注意情感的释放，需要将情感和那些自然平实的语言结合起来，这样才能让那些缺乏太多修饰的话语变得更具穿透力和感染力。

（3）自然表达

太多的修饰痕迹往往会让人觉得这些话过于虚伪、不真实。相反，自然的表达更容易引发人心深处的情感共鸣。说话者应该着力让整个谈话变得自然，这才是说话的最高艺术。

总而言之，说话时要避免使用过多的修饰，多一点自然、直白。不过，需要注意的是，减少技巧的运用并不意味着不需要技巧。在交流中，话语的情感爆点和基本逻辑都需要一定的技巧辅助，只是这些技巧应被控制在一定的范围内，不会喧宾夺主，遮盖话语本身的表意性。因此，说话时应适当使用技巧，舌灿莲花不如言简情真。

图书在版编目（CIP）数据

成功100，说话90 / 顾风著. -- 北京：北京联合出版公司, 2017.4
ISBN 978-7-5502-9956-6

Ⅰ.①成… Ⅱ.①顾… Ⅲ.①语言艺术—通俗读物 Ⅳ.①H019-49

中国版本图书馆CIP数据核字(2017)第043443号

成功100，说话90

作　　者：顾　风
责任编辑：喻　静
产品经理：王泊森
特约编辑：丛龙艳

- -

北京联合出版公司出版
（北京市西城区德外大街83号楼9层　100088）
北京联合天畅发行公司发行
北京中印联印务有限公司印刷　新华书店经销
字数：123千字　880mm×1230mm　1/32　印张：8.25
2017年4月第1版　2017年4月第1次印刷
ISBN 978-7-5502-9956-6
定价：38.00元

- -